驰骋三界

汉代神兽的图像世界

李重蓉 著

浙江古籍出版社

图书在版编目（CIP）数据

驰骋三界：汉代神兽的图像世界 / 李重蓉著.
杭州：浙江古籍出版社, 2024.9. -- ISBN 978-7-5540-3035-6

Ⅰ．B933
中国国家版本馆CIP数据核字第2024TG1073号

驰骋三界——汉代神兽的图像世界

李重蓉　著

出版发行	浙江古籍出版社
	（杭州市环城北路 177 号　电话：0571-85068292）
网　　址	https://zjgj.zjcbcm.com
责任编辑	奚　静
责任校对	张顺洁
封面设计	吴思璐
责任印务	楼浩凯
设计制作	杭州舒卷文化创意有限公司
印　　刷	浙江海虹彩色印务有限公司
开　　本	710mm×1000mm　1/16
印　　张	15.5
字　　数	200千字
版　　次	2024 年 9 月第 1 版
印　　次	2024 年 9 月第 1 次印刷
书　　号	ISBN 978-7-5540-3035-6
定　　价	108.00 元

如发现印装质量问题，影响阅读，请与本社市场营销部联系调换。

序　言

孙家洲

得知李重蓉博士所著《驰骋三界——汉代神兽的图像世界》即将由浙江古籍出版社出版，深为她的学术研究和创作不断进步而感到由衷高兴。李重蓉在中国人民大学攻读博士学位期间，我是她的导师。她求学期间克服了诸多困难，以比别人更勤奋、更刻苦的付出，实实在在地读书、思考，质疑问难。冲着这股"劲头"，当时我就相信：重蓉的学术起点尽管不算太高，但假以时日，她一定可以成为好学者。她撰写的博士论文《两汉怪兽形象研究》，在师生反复商量确定题目和基本框架之后，我曾经对她说："这个课题，不是我的研究专长，我可以提供的指导意见不会太具体；但是，我知道这个研究领域的拓展空间是很大的，值得你用心来做。"重蓉的博士论文在专家匿名评审和论文答辩两个环节，都得到了专家的好评。

需要说明的是：《驰骋三界》这本书，并不是重蓉的博士论文，而是在她毕业之后的几年间的新成果。当然，本书研究的主题是汉代神兽，说与她博士学位论文存在着内在的关系，也未尝不可。在她撰写这些文章的过程中，曾经向我征求意见，我也很精心地提出过修改意见供她参考。正是由于以上两个原因，当重蓉请我为她的新著写序的时候，我就有了"当仁不让"的感觉。

重蓉毕业之后的这几年，我们共同经历了"新冠"疫情防控的特殊时期。回顾这三年的历程，"触目惊心"实非虚言，很多人都曾经长时期无法静下心来专心做事。重蓉在中国国家博物馆承担的日常工作，又是很耗费时间和心神的。在这样的"大小"环境之下，重蓉能够完成这样一部很有新意的著作，我深感欣慰。

谈到本书的特点，我有如下看法：

首先，描述图像和分析问题的学术性、专业性保持着相当的水准。重蓉在中国人民大学的求学阶段，持续接受正规、系统的学术训练，知道严守学术规范的重要性。特别是博士阶段从事秦汉史学习和研究，对相关学术前沿问题保持跟踪与探讨，为她做好这一研究课题奠定了可靠的基础。此外，又得益于中国国家博物馆这一工作平台，见识了大量博物馆藏品实物，馆内的若干文物精品展览，她都曾反复观摩、认真琢磨，怀抱热忱，在工作实践中对中国历史文化的热爱和认识不断得到增强和提升。行文至此，我想到了一个具体案例：2017年，重蓉曾撰《大英博物馆藏东汉六博釉陶俑考辨》一文，对这组六博釉陶俑的年代及出土地点做出判断，其观点得到大英博物馆同仁的认可。话题再回到本书的内容上来，作者选择十二种汉代典型神兽作为研究对象，详细梳理考古材料和文献资料，考证神兽的定名，对一些学界有争议的定名提出自己的观点和较有说服力的证明；立足于图像，对图像进行分类、细读，尝试解读图像的内涵、功能、意义、所反映的思想信仰与民风民俗；通过微观具象的图像，揭示它们背后更为宏观抽象的汉代历史文化、社会生活。在研究方法上，留意踵武前辈学者如中国国家博物馆孙机先生的名物研究法，重视将文物、图像结合文献，展开研究。比如此书中提出"天禄辟邪"的定名标准，考证较为严谨有力，也得到国家博物馆"古代中国"基本陈列展中天禄石兽最新说明牌的印证。

其次，图文并茂，是本书的一大特点。此书精心选用211幅图像，打通不同材质的图像界限，并留意将图像放置在"考古情境"中加以考察，尽可能还原当时的历史背景。

再则，文笔清新流畅。作者从具体解读深奥难懂的古代艺术品入手，将汉代人的社会环境、生活习俗、精神世界，娓娓道来，引人入胜。具有较强的可读性，有利于面向社会大众进行学术普及。

一年前，我在私人通信中曾经祝贺重蓉的学术研究"渐入佳境"，现在我愿意用"得心应手"来评价她这部书所呈现的学术进境。作为导师，我还愿意借此机会再给重蓉一次督促：希望看到她对博士论文再做修改完善，争取尽快出版。

在序言本来可以"就此打住"的时候，我有点意犹未尽，再抄录旅美学者汪涛先生的一段文字如下：

> 如果不了解背景，很有可能把包括宇宙神灵、祖先和献祭图案的中国艺术表现总结为线性的自我发展的模式：最开始是动物表现，然后是混合物，最后是神人同形同性。可是，实际情况跟这不符，我们时常看到多种表现方式同时共存……文字和图象的关系又如何解释呢？在多数情况下，考古学材料的阐释常常要依据文字记载或是基于口述的传统。但是文学和视觉形象之间的关系则要复杂得多。（汪涛：《书写·图象·景观》，上海，中西书局，2022，第298页。）

汪涛先生的这段话，与重蓉的这部书是否存在某种联系，我真是有点拿不准，隐隐约约感觉有点意思，贸然抄录在此，和重蓉以及本书的读者朋友一道斟酌。

引 言

　　小书题为"驰骋三界",是因写作对象涵括了纵横天、人、幽冥三界的汉代神兽。它们上天入地、腾云驾雾,在汉代人的精神领域里驰骋变幻,展现出恢弘的气魄与雄奇的想象。以"汉代神兽的图像世界"作副题,是意在立足于图像资料,挖掘图像所构建起的神话世界。

　　神兽及相关文化已经是文化史家关注的主题。汉代神兽文化独树一帜。随着丝绸之路的开通和中外文化交流的加剧,汉代神兽较之于先秦时期,无论是在造型形式还是内涵意义上,都有了变化与创新,彰显了独有的时代特色与风格。汉代神兽图像在一系列文物资料如画像石、画像砖、壁画、帛画等上表现多样,它身上蕴涵着民族文化密码,从其颜色、造型、意态、功能等方面,我们可以读解先民们的某些心理诉求、哲思情感与精神信仰。众多神兽形象一直流传至今,汇入中华民族的集体心理和记忆。

　　在那个图像世界里,那些经千年而不变的色彩与造像,除了深深冲击我们的感官,也让古人心灵的角落向我们敞开。令我们感知那些曾经流淌过生命的悸动与战栗,激发过情感的唏嘘与爱念,触动过心灵的叩问与智慧。然而时隔千余年,今人该如何记忆和解读图像?

　　王国维先生提出"二重证据法",自此这一学术传统赓续不断,中国国家博物馆孙机先生更提出名物研究法,将训诂考据之法用于对文物的研究。小书踵武前辈,选取十二种典型汉代神兽,配以211幅神兽图像,包括画像石、画像砖、壁画、铜器、陶器、金银器、木器、帛画等不同材质和不同器物上的图像，结合文献资料，力求打通图像与图像、图像与文字之间的界限，使之能够相互印证。运用历史学、美术考古和博物馆学的方法，严谨考证神兽的定名、外型与内涵。

汉代神兽的这十二个专题小文，与作者在博物馆的工作、研究方向紧密相关。

《龙虎组合——中华民族的精神图腾》的灵感源自作者研究汉画像时注意到龙虎组合图像，并联想到在国家博物馆"古代中国"基本陈列长期展出的著名濮阳西水坡蚌塑龙虎，而后产生了"龙和虎图像是何时形成了组合"的疑惑，为此展开了溯源。小文梳理了从仰韶文化到汉代成熟的龙虎组合的演进过程，并对画像石上的龙虎组合进行分类，还探讨了这一图像组合的功能含义。

《天禄辟邪——镇宅石狮的祖先》，直接受益于"古代中国"基本陈列。一位老师指引我留意秦汉板块展览的一只独角带翼石兽，经查阅资料，发现静驻于展厅一角的它可太有趣了：首先，它的定名一直存在争议。其次，没想到我们今天在一些建筑门前常见的石狮子，其原型竟可以追溯到它身上。进入这一研究话题后，拜读李零先生的《论中国的有翼神兽》一文，发现除了石兽的定名，还有它的形象来源、流变及其背后的制度值得探讨。其中提出"天禄辟邪"的定名标准，得到国家博物馆"古代中国"基本陈列展中天禄石兽最新说明牌的印证。

《像羊像马又像鹿的汉代麒麟》《外来牛怎么成了汉代的本土神》《为什么平淡无奇的羊能够成为神兽》《群雄为何要"逐鹿"》，这一组小文所选择的除了麒麟，大多是汉代常见的吉兽，明明是日常可见的动物，为什么在汉代却能被视作神兽？麒麟的奇异点则在于它的形象直到明代都众说纷纭，比如长颈鹿还曾被当作麒麟进献给明成祖朱棣，这一历史事件得到宫廷画师的绘制，成为永恒的画卷。那我们能否还原它较早时候的模样呢？

《獬豸——汉代的执法神兽》《猫头鹰是战神还是恶鸟》《从蟾蜍到玉兔——月亮神兽变形记》，各自与一系列有趣的话题有关。比如从獬豸能够引出汉代人重视法制与否的问题，他们用来象征法制精神的神兽长什么样？中西方文化中常见的猫头鹰，往往被当作某种不祥的象征，这种意识是怎么诞生的，汉代人真的把它当作恶鸟吗？嫦娥传说在汉代已经形成，但最早在月亮中陪伴她的，为何并非今日家喻户晓的玉兔，而是相貌丑陋的蟾蜍？

《猴子为什么是多个民族的吉祥物》，与中国社会科学院边疆研究所孙方圆的《隐喻、图像与习性：中国古代"美猿贬猴"观念新探》一文，在思路上有相通之处。我讨论的时空集中在先秦和两汉时期，也就是早在"美猿贬猴"这一观念形成之前的时代，是怎么认识猴子的呢？汉代乃至先秦的猴形器物、图像有哪些种类，这些资料的功能含义是什么、反映了汉代人怎样的文化观念？

《镌刻在葳蕤鸟羽上的缱绻情思》《神鱼图像的升仙与爱欲想象》，鸟与鱼之间自古便存在某种关联，它们分别在汉代演绎出了什么样的精彩呢？

以上，小书通过十二种神兽图像，力求透物见人、见情、见时代风貌。木心先生曾点评《红楼梦》中的诗歌像水草，单拎出来平淡无奇，还需放入小说当中，才会像入水一般，变得曼妙，回味无穷。要让本已离今人生活很远的神兽深入人心，也需复原当时的历史环境，理解时人的生活方式、心理情感。这是历史学研究的意义所在：昔人已随风而去，但风物、风情与风采犹历历在目。

故此，小书希望与读者一起深化对中华民族优秀传统文化的认识、理解和感悟，以利于继承其中适应当下社会文化生活的内容，展望未来。得失成败，有待学界和时间的验证，愿意诚心接受读者的批评。

目 录

一 龙虎组合——中华民族的精神图腾
  从仰韶文化到汉代成熟的龙虎组合 /003
  画像石上的龙虎组合有哪些？ /007
  龙虎组合蕴含着勇猛驱邪的功能 /011
  龙虎组合象征着世俗权势的愿望 /013
  龙虎组合体现着生死时空转换的升仙想象 /015

二 天禄辟邪——镇宅石狮的祖先
  一对天禄、辟邪雕塑的上乘佳作 /020
  何为"天禄""辟邪"？ /022
  怎么区分天禄和辟邪？ /024
  天禄、辟邪从何而来？ /026
  天禄、辟邪石兽背后的陵墓制度 /028
  天禄、辟邪的流变与传承 /030

三 像羊像马又像鹿的汉代麒麟

海昏侯墓里的麟趾金 /035

麒麟的皇家文化内涵 /036

麒麟的原型 /037

麒麟常与哪些图像相组合？ /045

四 外来牛怎么成了汉代的本土神

生活日常中的牛 /053

审美对象的牛 /060

神话中的牛 /064

汉代牛的文化内涵 /068

五 为什么平淡无奇的羊能够成为神兽

从青铜羊到汉代艺术中的羊 /073

汉代画像石上的神羊形象 /075

神羊诞生的现实条件 /080

神羊与儒家礼教的契合点 /083

神羊体现了哪些神话想象与愿景？ /085

六 群雄为何要"逐鹿"

中外早期艺术中鹿的形象 /090

狩猎图像中的鹿 /092

鹿形镇 /093

神话图像中的鹿 /095

鹿的文化含义与神话寓意 /102

七 獬豸——汉代的执法神兽
獬豸长什么样？ /109

汉代的獬豸画像 /110

汉代的獬豸雕塑 /115

獬豸里的法制思想 /117

中西方的独角兽有何不同？ /120

獬豸图像在墓葬中有什么功用？ /121

八 从蟾蜍到玉兔——月亮神兽变形记
汉代的月亮女神是嫦娥吗？ /124

汉代的月亮神兽是什么？ /128

蟾蜍和玉兔最初的主人是谁？ /133

为什么蟾蜍会住在月亮里？ /136

汉代以后的月亮神兽有什么变化？ /140

九 猴子为什么是多个民族的吉祥物
汉代以前的猴文化 /145

猴形器物 /146

猿猴画像石 /152

汉代猴子的文化含义 /157

十 镌刻在葳蕤鸟羽上的缱绻情思
秦汉鸟形器 /165

汉代的神鸟图像 /170

鸟的文化内涵 /176

十一　**神鱼图像的升仙与爱欲想象**
　　新石器时代至汉代的鱼图像　/188
　　汉晋神鱼图像分类　/190
　　鱼有哪些文化寓意？　/199

十二　**猫头鹰是战神还是恶鸟**
　　人类早期文明中的鸮鸟　/204
　　汉代的神秘之鸮　/207
　　汉代鸮形器　/211
　　汉代的鸮鸟画像　/213
　　鸮鸟图像的功能　/218

　　后　记　/223
　　图版来源　/225

一

龙虎组合
——中华民族的精神图腾

盘古开天，女娲造人，在那玄黄洪荒、神人不分的远古时代，人与动物之间也曾有过一段混沌相依的岁月。人往往把自身投射到动物身上，幻想借助飞禽的羽翼、野兽的利爪、水族的尾巴……为自己赋能，从而制造出一个个精神图腾，象征自己的骄傲与荣光。

如果要选择中华民族的动物图腾，我们自然会想到龙，与之相配的，则有虎。龙和虎，一个是升天入海、高蹈出尘的造化精灵，一个是一统丛林、威猛无双的百兽之王，仿佛它们是再合适不过的动物组合，天生带着卓越出众的气质。一提到它们，我们就像能够感受到数千年前先人创世的磅礴与欢畅，穿越回那个龙盘虎踞、龙腾虎跃的鸿蒙开辟时期。

然而追溯历史记忆，我们不禁会产生疑问：古人为什么要把这两种动物组合在一起？这对组合最初是怎么形成的？它们曾有过怎样精彩的视觉艺术表现？它们有什么样的含义和功能，特别是其早期的含义和今人所理解的有什么区别？

远逝的历史不会说话，但发生过的事件总会留下其他形式的烙印，比如我们能够经由一些文物图像，去寻找我们想要的答案。所以就让我们跟随考古学者的脚步，去往一些古代历史遗迹、各个城市的历史文化博物馆，探寻这一谜题吧。

从仰韶文化到汉代成熟的龙虎组合

我国早期艺术中的龙和虎各自是什么形象呢?

龙是人造的想象性神兽,它在一开始并非我们今天熟悉的蛇身形状,而是有一个演变的过程。关于它的原型,学者们提出过各种假说,如蛇、鳄鱼、蜥蜴、马、牛、猪、鹿、熊、虎、蚕、松树、云、闪电等,不一而论。但可以肯定的是,龙是一种由不同动物的身体部分拼接而成的神兽。

在商代甲骨文中已经出现了龙字,而其形象最早在新石器时代就已出现,或为蚌塑,或为彩绘,或为雕塑。当中又以红山文化(约公元前4700年—前2900年)的玉卷龙为代表,它的特点是躯体卷曲。

如1971年内蒙古自治区翁牛特旗三星塔拉出土的一件玉龙(图1-1),现藏于中国国家博物馆。它高26厘米,由墨绿色岫岩玉雕琢而成,周身光洁,吻部较长而突出,脑后至颈背部一条鬣鬃飞扬,整条躯体蜷曲作一个接近圆满的弯弓弧形,线条极其优美流畅,有"中华第一龙"的美誉。文化时期晚一些的安徽含山凌家滩、湖北天门肖家屋脊也有类似的玉龙形象。

图1-1 中国国家博物馆藏红山文化玉龙

图1-2　中国国家博物馆藏仰韶文化蚌塑龙虎

龙的造型随时代而演变。在祖型红山玉龙的基础上，商代逐渐强化它头顶角的造型，并添加足等元素；在春秋时期开始出现有翼的龙；到汉代发展为蛇体龙和兽体龙两种形式，以后者为盛，这两种形式的龙一般皆有翼、带角，造型趋于成熟，气势夭矫腾踔；魏晋以后，蛇体龙则重新占据主流，且这一形式影响到后世艺术，后世的龙图像基本都采取丰盈修长的躯体了。

虎则是现实中本来就存在的动物，不过它在先秦艺术中往往被神化，其图像造型也可能附加头顶角、羽翼等元素。

那么龙和虎的组合，是从什么时候开始有的呢？

目前所见最早的龙虎图像组合实例，乃河南濮阳西水坡仰韶文化遗址（约6400年前）出土的蚌塑龙虎（图1-2），这一图例可谓龙虎组合的萌芽。这组蚌塑作品的中间为一壮年男性骨架，人骨架右侧用蚌壳精心摆塑一龙，左侧则是蚌壳虎，男子坐拥一龙一虎，这充分显示出他的权力和地位。其中龙头朝北，背朝西，身长1.78米，高0.67米，昂首曲颈，弓身扬尾，状似腾飞；虎也头朝北，背朝东，身长1.39米，高0.63米，低首张口，展身垂尾，状若行走。这组蚌塑艺术品造型生动、想象奇特，对研究仰韶文化乃至

一 龙虎组合——中华民族的精神图腾

图1-3 中国国家博物馆藏龙虎纹青铜尊

中华文明的起源具有重要意义，也为我们提供了一窥先人信仰空间的机会。

商周青铜器上也有龙虎图像组合，如1957年安徽阜南月儿河出土的商代后期龙虎纹青铜尊。此尊高50.5厘米，口径44.9厘米，其肩部饰三条曲身龙纹，龙首圆雕，探出肩外；腹部则浮雕虎首，虎身以轴对称、一分为二向左右两侧伸展，从正面表现出猛虎的完整形象（图1-3）。

相较而言，先秦的龙虎组合较为零散随意，并不多见也不固定，入汉以后，这对图像组合才蔚为大观。龙虎图像组合在汉墓中的画像石、画像砖、壁画以及陶器、铜镜等各种器物上都有表现，仿佛来自远古的讯息在汉代终于得以激活，春潮一样奔涌而至，裹挟着整个春天的到来。

不同器物上的图像又各有特色，我们先来看汉代较早绘制龙虎图像组合的艺术品——壁画。

壁画大多出自中上层阶级的墓室中，比如河南洛阳道北路西汉卜千秋墓主室后壁山墙上绘制有壁画。画面分上下两层，上层中间为一猪首人身的方相氏形象；下层左边为一瞋目怒吼的白虎，正迈步向右；下层右边则为一蛇身青龙，昂首咆哮，面向左方与白虎相对；神兽周围饰飘逸流动的云气纹，为画面增添了神秘色彩（图1-4）。龙虎组合的壁画图示延续下

图1-4　洛阳西汉卜千秋墓方相氏与龙虎图壁画摹本（王绣摹绘）

图1-5　浙江绍兴出土的东汉龙虎镜

去，直到东汉晚期仍然可见，并且由中原地区传播到了当时的边远地区，如内蒙古和林格尔东汉晚期墓中的壁画上也有这一图像组合。

彩绘陶器上也有绘制龙虎图像组合的，以洛阳地区的资料为代表。洛阳彩陶上的图像，从西汉中期至西汉晚期，以青龙、白虎、朱雀等动物形象为主体纹饰；不过在新莽到东汉时期，这种图像却日渐被几何纹所取代。

铜镜和雕塑中的龙虎图像组合主要在东汉才流行，如浙江地区流行的龙虎镜（图1-5），四川雅安东汉墓出土的一对青龙双兽、白虎双兽棺座等。

更多的龙虎图像组合还是被刻在画像石、画像砖以及石棺上。这些画像石、画像砖在河南、陕西、山东、安徽、江苏、浙江、四川等地区都有分布，其流行时段从西汉晚期延续到东汉晚期，并且数量庞大、含义丰富，皆优于其他材质、形制的资料。

画像石上的龙虎组合有哪些？

画像石上龙虎图像组合形式多样，该如何对其进行分类呢？我们可依据图像是在二维平面还是在三维空间中、龙与虎之间还有没有其他的组合对象，来作出区分。

最典型的一种组合是在同一石头的表面，以一龙一虎相向对峙的形象作为画面主体，龙虎之间有时添加玉璧、铜鼎、瑞草或羽人等次要元素，这时龙与虎图像形成稳固的一对一组合关系。除此之外，也有大量画像石上的龙虎组合实际上并不囿于一个二维平面，甚至龙与虎可能并非画像的唯一主体，但它们仍然存在着对照、呼应的关系。因此，可依据组合的形式，将其分作二维平面、三维立体和非典型的多元组合三种。

第一种二维平面上的图像组合，又可根据一些细微差异，分为以下四类。

第一类是画面构图呈横向，其中的龙、虎分别处于一左一右的位置，相向而对，它们之间没有其他人或事物相隔。比如安徽淮北北山乡出土的一块画像石，上刻一虎一龙左右相向，虎在左方，头部昂起，颈项前伸，身躯压低，尾向上扬，四肢立地略向后屈，如此头向前仰、四肢反向后伸的对比姿态，显示出它意在用力向前的动感；而虎的前方即为置身画面右方的龙，龙头竖双角，龇牙怒目，身为兽形，弓身向前，尾巴上翘，四肢立地，与左方的虎相峙欲斗（图1-6）。

第二类是龙、虎仍然一左一右横向对峙，并为画面主体图案，但它们中间饰有一物或羽人。如河南许昌市博物馆藏的一块画像石，画面为左虎右龙，皆昂首挺胸，迈步扬尾，相向而立，它们中间有一株长青树（图1-7）。

第三类是龙虎一左一右、竖立相向而对，或者一上一下、相向而对，中无他物。如江苏徐州睢宁张圩征集的一块东汉画像石，画面分作上、下两栏，上栏为羽人戏鹿图，鹿的上方还有一只瑞鸟。下栏的左边为两条蟠龙竖立向上方游走，彼此的身躯相互交缠；右边则为一虎，也竖向而立，面朝双龙，肩生双翼。此石上的龙虎图像组合带有明显的神话色彩（图1-8）。

第四类是龙与虎处于同一个二维画面，分别在上下或前后的位置，两者之间不是相向对峙的状态。如山东临沂白庄出土的一块画像石，画面上部为两只人首鸟身怪右向并立；中部为一翼龙竖向上行，昂首挺胸，兽形身躯，舒身展体，迈步而行，尾下栖有一只飞鸟；下部则为一只翼虎，身躯呈奔跃的动态，也竖向上行（图1-9）。

第二种三维立体组合是龙、虎图像各自位于一块独立的画像石上，但因为这两块石头共处在一个三维空间内，所以其上的图像也形成了组合关系。这类资料以墓室门扉、立柱石为多。

第一类是墓室的左右门扉画像石，从上自下往往分别饰以朱雀、铺首衔

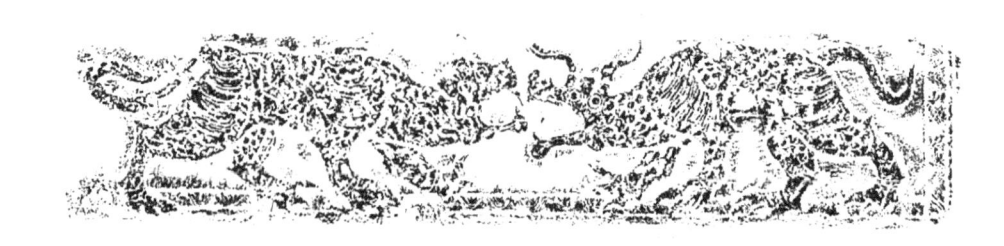

图1-6　安徽淮北北山乡出土画像石拓片

一 龙虎组合——中华民族的精神图腾

图1-7 河南许昌市博物馆藏画像石拓片

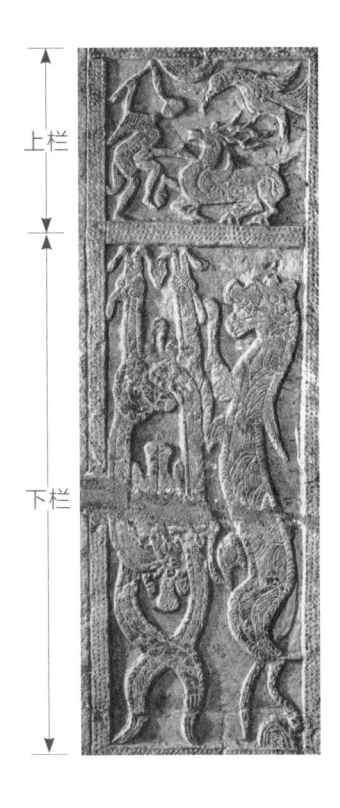

上栏

下栏

图1-8 江苏睢宁张圩征集的画像石

图1-9 山东临沂白庄出土画像石拓片

环、龙或虎的形象。由于门扉原是一对，所以其上的龙和虎也遥相呼应。这类资料较为常见，如陕西榆林米脂党家沟墓左、右门扉石。石上画面分为上中下三部分，中间为一铺首图像，双耳竖立，额部中央竖一桃形柱，瞋目开口，口衔一环；铺首的头顶立一只朱雀，毛羽丰满，立冠、昂首、曲颈、展翅、扬尾、抬足，体态优美，似在翩翩起舞；左门扉的铺首下方为一瑞草和翼虎形象，与右门扉铺首下方的瑞草和翼龙相向，造型生动（图1-10）。

第二类是墓室的左右立柱画像石。如榆林段家湾墓墓门左右立柱（残）画像，画面均分为上下两格，上格为楼阁图像。右立柱的下格有一翼虎及有翼小龙；而左立柱的下格，则为一竖向作上行状的有翼龙，两前爪执长戟，旁有一羽人；如此，左、右立柱的下格便形成了对照，翼虎与翼龙相互呼应，雄姿英发，毛发鬣鬣（图1-11）。

第三种多元组合是龙、虎之间夹杂着其他人物、动物或器物，它们并非画面主体图像，而是和其他元素并排在一起。这种组合大致可分两类：一类是龙、虎作为"四神"中的两大主神，如河南唐河针织厂墓出土的四神画像石（后详）。另一类是龙、虎和其他神祇相组合，共同起到驱魔辟邪的作用。如河南南阳宛城区赵寨出土的一块画像石，画面从左往右依次是：翼龙、朱雀、方相氏、羽人、朱雀、怪兽与仙人乘大虎图，是为大傩的场景。

以上是目前所见画像石上龙虎图像组合的形态分类。也许因为画像砖、画像石是在西汉中期以后随着砖室墓兴起才流行起来的，目前可证最早的龙虎组合画像石属于西汉晚期。只是刚开始出现的图像组合多为多元组合形式，符合严格定义的、即二维平面上一对一的稳定图像组合，除了河南的资料，大多数属于东汉中晚期。

由此可知，画像石上龙虎图像组合的演变规律是：从多元组合到一对一稳定组合，从三维空间组合到三维与二维组合并存。

图像组合的分类有以上三种，那么它们的含义又是什么呢？

图1-10　陕西米脂党家沟墓左、右门扉画像石拓片

图1-11　陕西榆林段家湾出土墓门左右立柱画像拓片

龙虎组合蕴含着勇猛驱邪的功能

龙、虎作为猛兽的自然属性,早在先秦就为人们所认同,并希望利用龙、虎来以暴制暴、抵挡外界的伤害。汉代延续了这种崇尚猛力的传统。由于秦汉时期多有虎患阻难交通,当时人们出行时畏避虎患的心理十分普遍。

如东汉时期的宋均,生于帝乡南阳,曾作为监军跟随伏波将军马援远征武陵蛮夷。可仗还未打,马援将军就出师未捷身先死,且军中将士在南方水土不服,得病去世者过半,汉军情况危在旦夕。在此命悬一线之际,宋均当机立断窜改圣旨,重新调配人力部署战事,派伏波司马吕种先入敌营劝降,后领大部队随之而入,趁敌人震怖之时,擒贼先擒王,迅猛率军斩下敌军大帅的头首，于是其余部下不攻自破。返朝之后，宋均自劾"矫制"之罪（即擅自修改圣旨，在当时是一项重罪）。光武帝却颇有一番境界，只认其功不论其过，大赏宋均，日后还相当倚重他。

如此足智多谋的宋均后来升至九江太守。该郡向来虎患严重，民众四处设置陷阱或栏槛想要防范虎害，却徒劳无功。宋均一到，也要解决这个历史遗留问题，但其思路却与众不同，他对郡下各县的官员说，虎豹在山，龟鼋在水，此乃生物之天性，本是各得其所，各有所托。并且江淮之地本就多猛兽，就好像北方之地盛产鸡豚一样。如今老虎深为民害，根源并不在于野兽身上，而错在暴吏。那些不存体恤之心的官吏，太过于压榨老百姓，使得民不聊生，老百姓为生存躲至深山，却因此干扰到山兽的安宁，所以它们要下山来作乱，这就是环环相扣恶性循环！要解决这个问题，只能惩处奸诈贪污的官吏，让忠诚良善的人来做官，并且去除那些路边的陷阱栏槛、削免苛刻的税役。

宋均此举竟然大获成功，相关措施施行以后不久，就传言那些危害人间的猛虎居然纷纷东游渡江，回归了深山老林。宋均治理九江虎患的故事，形象还原了当时民众的生存环境及其对于老虎恐惧又无力的心理。

王子今先生认为，这种厌畏心理在另一面却转化成了一种对虎的崇拜情感。如当时人会在车上、衣服上装饰虎纹以示威严；对猛士、军队及军官分别冠以带"虎"字的名号，如"虎臣""虎士""虎夫""虎校""虎旅""虎牙""虎威""虎贲"等；还有在门上画虎的习俗，《论衡·乱龙》《论衡·订鬼》《风俗通义·祀典》等文献均有提及，这种习俗的意义在于"追效于前事，冀以御凶也"。[①]

汉墓中能够和虎并列组合在一起的动物图像多为猛兽，如兕和熊等，而更强大神勇的龙，从力量的自然属性上最能和虎匹敌。所以龙虎组合日渐稳固，因其强劲勇猛的自然属性和被人类所赋了的权威强势属性，承担

[①] 王子今：《千秋太史公——司马迁的史学与人类学》，书海出版社，2018年，第566—570页。

着厌胜辟邪与保佑富贵权威的双重功能。

龙虎组合的辟邪功能在汉墓中相关的壁画、门扉、立柱、门楣上表现得较为明显。《太平御览》卷九五四引《风俗通义》："墓上树柏，路头石虎。……而魍像畏虎与柏。"[①]"路头"置"石虎"以镇厌可能危害墓主的"魍像"（魍魉）。当龙、虎并列组合出现在墓室的门扉、墓门立柱、石枋等表示入口的构件上时，是希望能够借此驱魔辟邪、将鬼魅恶灵等挡在外面，以保护墓主人。

河南洛阳涧西202厂工地92号汉墓出土的尚方四神博局镜，镜背边缘一周的铭文为："……左龙右虎辟不羊（祥），朱鸟玄武顺阴阳，子孙备具居中央，长保二亲乐富昌，寿敝金石如侯王。"浙江上虞出土的一面东汉龙虎镜，镜背一圈铭文为："石氏作竟（镜）世少有，仓（苍）龙在左，白虎居右，仙人子侨（乔）以象于后。为吏高[升]价万倍，辟去不详（祥）利孙子，千秋万岁生长久。"镜铭中的"羊""详"，皆与"祥"通，有吉祥之意。《说文·羊部》云："羊，祥也。"汉代人常以"大吉羊"一词来表达"大吉祥"的意思。镜背上所铸铭文将龙虎组合的作用说得很清楚，即辟邪除凶、福佑子孙。

龙虎组合象征着世俗权势的愿望

在先秦，龙、虎还具有天文星象的象征意义。李学勤、冯时先生都曾讨论过。这一观点对于理解汉墓中的龙虎图像组合有所帮助。如1933年南阳卧龙区阮堂出土的一块画像石，画面上方有一月轮，内有玉兔和蟾蜍，下方则刻青龙及七星宿（图1-12）。在此画像石上的神龙，象征着青龙星座。

[①]《太平御览》卷九五四《木部三·柏》，中华书局，1963年，第4235页。

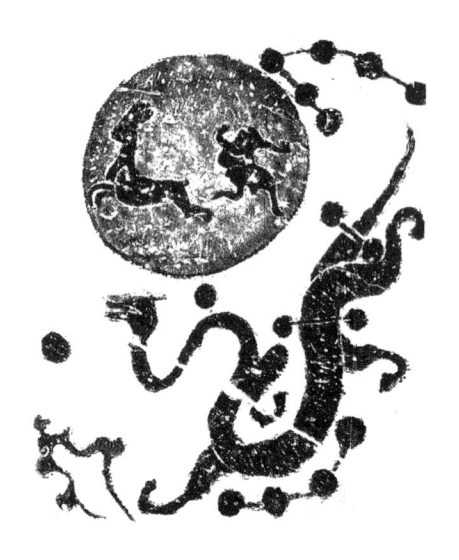

图1-12　河南南阳卧龙区阮堂画像石拓片

从龙、虎的天文象征意义，可能衍生出对现实政治权威乃至富贵的象征之义。因为在古代，天文星象学是只有政治首领才有资格掌握的学问，皇宫中也多设星官观测天象，由官方授权颁布天时信息，民众据此而展开农业耕作。

在汉代，龙成了最高权力者的象征，并在之后的王朝中被不断巩固并唯一化，"真龙天子"是古代王权的一个共识性象征，龙的这一政治含义一直延续到了中国古代社会的结束。当虎作为龙的匹配对象时，也应考虑虎同样具有权威寓意。尤其当汉墓中的龙虎图像组合中间还有玉璧、鼎之类象征王权的器物时，这种图像组合可能在礼制上象征墓主人的威严，并且由政治权势引申出世俗利益的含义，承载了生人希望亡者在死后世界能够继续享受荣华富贵的理想。

政治权力带来财势富贵，这些吉祥含义在带铭文的图像资料里能够找到例证。如山东苍山东汉元嘉元年（151年）画像石墓的南壁横梁上刻有龙、鸟，两鸟相对，口中衔鱼，题记中有一句"龙爵（雀）除央（殃）鹝

（鹤）嚼（啄）鱼"；此墓门额上层有龙、虎、兔、鸟等动物，下层是车马出行图，题记铭文为："堂外，君出游，车马导从骑吏留，都督在前后贼曹，上有虎龙衔利来，百鸟共侍至钱财。"可知汉代人认为龙、虎是可以带来财利的。

龙虎组合体现着生死时空转换的升仙想象

龙虎图像组合最具特色之处在于，它还体现着人们希冀死后升仙的愿景。汉墓中，龙、虎图像所在的空间方位往往精心设计。在汉代流行的阴阳五行观念中，东、西、南、北各有一个神兽守护，其中东、西方的神兽即为青龙、白虎。因此汉墓中龙、虎图像有指示方位的作用，以此构筑一个利于墓主人实现生死转换、升往仙界的时空。

1988年出土的河南南阳麒麟岗汉墓墓室顶部的天象画像石，极具代表性。图像中心位置刻有一位头戴三叉冠、广袖宽袍的主神，端坐中央，气质雍容威严，学界较一致地认为他是汉代人信奉的最高主神：太一神。太一神的上下左右，分别刻有朱雀、玄武、白虎和青龙。这些神兽或羽翼飘飞、凌空轻盈，或腾云驾雾、怒吼奔跃。最右端刻一人首蛇躯、手持日轮的日神，旁有北斗七星；最左端则刻人首蛇躯、手持月轮的月神，旁为南斗六星。画面背景弥漫着流畅变幻的云气纹，神人、神兽造型生动，共同营造出一个仙气飘飘的神仙空间（图1-13）。

四川乐山麻浩崖墓博物馆藏两具石棺，第一具前后挡板无图像，左右两侧板刻有图像。一侧为世俗生活及神兽相杂的图景：画面两端各有一阙楼，中间分上下两层，上层为一只白虎、两名立者及树下系马图像，下层则为一侍者及一匹天马、朱雀及侍者图案；另一侧则为西王母仙境图，其中西王母

图1-13　河南南阳麒麟岗汉墓墓室顶部画像石拓片

端坐于龙虎座上，周围有三足乌、九尾狐、蟾蜍、羽人等。第二具石棺的前后两侧，一为伏羲女娲图，一为子母双阙图；左右两侧一为厅堂及堂中两人对坐、堂外两名立者，一为龙虎衔璧和铺首衔环图（图1-14、图1-15）。

在这两具石棺上，左、右两侧皆恰好一侧为世俗的人间场景，另一侧则为西王母仙境或龙虎图像组合，这种对立可能寓示着生死空间的分割与转换。这里的龙虎衔璧图作为人世生活的对立面存在，它们可能已经超越了象征世俗权力财势的功能，而更突显双方所代表的东、西方方位，以此构筑一个升仙空间，寓示着由生入死、生命终结后，墓主人在此能由死亡转换升仙的状态。

龙、虎除了象征方位，还有指示时间的作用。1974年，江苏高淳固城檀村出土一块东汉画像砖，其上左侧为一老者跪坐，右侧为一腋下生翼的怪人，砖上铭文释文为："艳云是白虎，玗琪入时，自文亘日升。"根据铭文所示可知，怪人应是正在蜕变升仙中，"艳云（瑞云）"是导引升天的白虎的化身，"玗琪"为玉树，"文亘"或指文昌宫，文昌星司命。因此铭文大致可理解为：在文昌司命神所在之日，时如美玉，此时脚踏瑞云如同乘着白虎，即可升仙。可以推测，白虎和升仙转换的时间相关。

图1-14、图1-15　四川乐山麻浩崖墓博物馆藏东汉画像石棺一侧的龙虎组合图像

　　大汉雄风，威加海内。那个时代之所以意气风发、独步古今，是因为她的明光闪烁中，引人注目的不仅仅是一个个传奇故事、一位位风云人物，还有那些不会随岁月远去而消散的、光华四射的物质文明。

　　物质文化往往由一件件具体的器物、图像来体现。在远古萌芽的龙虎图像组合到汉代得以定型，并通过多种视觉形象材料呈现，可视性强，寓意深远。这一图像组合不仅抚慰着汉代人关于死后灵魂所处与所归的恐惧与不安，更因其造型独特、想象雄奇、寓意丰富又不乏浪漫色彩的特点，成为华夏民族的精神坐标之一。

　　大风起兮，龙腾虎啸。龙与虎的组合在既往岁月里经受了淘洗与检验，收集了历史车轮滚滚前进时所溅落的点点宝光，沉淀为我们民族基因中共同的情感记忆与精神图腾，感召着一代代华夏民族的后人，奋勇拼搏、奔腾不息，去创造和体验性灵中，那一段最强劲坚韧又美不胜收的精气神。

二

天禄辟邪
——镇宅石狮的祖先

二 天禄辟邪——镇宅石狮的祖先

百兽率舞,以狮为首。但在先秦以前,虎才是我们的百兽之王,狮子乃自异域引入的奇兽。最早记载狮子的文献出自战国时代,那时人们还把它叫作"狻猊"。如《穆天子传》卷一称:"柏夭曰:'征鸟使翼。'曰:□乌鸢、鶤鸡飞八百里。名兽使足:□走千里,狻猊□野马走五百里,邛邛、距虚走百里,麋□二十里。"郭璞注:"狻猊,狮子,亦食虎豹。"①又《尔雅·释兽》记载:"狻麑,如虦猫,食虎豹。"郭璞也注:"即师子也,出西域。汉顺帝时疏勒王来献犎牛及师子。《穆天子传》曰:'狻猊日走五百里。'"②

然而自引入中原后,狮子却迅速为古人所接纳,它的威仪、神勇与来处为其增添了传奇色彩。在至今两千年的漫长光阴里,狮子作为一代代国人所信奉并喜爱的猛兽,在中华民族的文明史上留下了一个独特而矫健的身姿。今天,狮子仍然在我们的日常生活中占据一角,影响着我们的认知。比如我们常在一些历史文化遗址、仿古建筑、公私机构等的大门前,看到一对威猛的石狮。

石狮文化源自何时?为什么古人要把狮子刻作石雕,用意何在?石狮一开始就是如今的模样吗,它的原型是什么?石狮最早就是用来看守大门的吗?让我们带着这些疑问,回溯那些已沉淀在岁月深处的风云与波影吧。

---

① (晋)郭璞注,(清)洪颐煊校,谭承耕、张耘点校:《山海经·穆天子传》,岳麓书社,1992年,第203、208页。
② (晋)郭璞注:《尔雅》,浙江古籍出版社,2011年,第73页。

一对天禄、辟邪雕塑的上乘佳作

目前所见我国最早的石狮,是汉代的工艺作品,但汉代石狮又和今天的模样有所不同。确切地说,汉代"石狮"并非自然界写实的形貌,而是被神化了的神兽,并且它在当时还有另外神气非凡的名字——"天禄"和"辟邪"。

天禄、辟邪是常常以组合形式出现的一对神兽,可以说是石狮的始祖,它们身上有着怎样的故事呢?让我们去往两座博物馆的展厅,一探究竟吧。

我们先到中国国家博物馆。在这座博物馆展厅的一角,静静伫立着一只时代大约为东汉中期的石刻狮形有翼神兽。它头顶长有独角,肩侧生出双翼,通高122厘米,通长165厘米。其活灵活现的动态造型、精雕细琢的高超技法和雄奇瑰丽的艺术想象,为我们展示着汉代人的精神风貌和雕刻水平(图2-1)。

这只独角兽并非孑然一身,它还有另一名与之配对的同伴——1954年,河南洛阳涧西区孙旗屯防洪渠工地出土了一对形制相仿的有翼石兽,其中一只便是前面提到现藏于中国国家博物馆的独角兽,而另一只则为双角兽。双角兽刚出土时,眼部以下部分均已残缺,后来经过修补变得完

图2-1 中国国家博物馆藏东汉独角有翼石兽

二 天禄辟邪——镇宅石狮的祖先

图2-2 河南洛阳博物馆藏东汉双角有翼石兽

整。它通高109厘米,通长166厘米,现藏于洛阳博物馆(图2-2)。

这对石兽原应为镇守陵墓神道的石刻,分列于神道两侧。它们的整体造型相似,都呈"S"形,作行走状,质地为青灰色石灰岩。通过现场仔细观察和比较,我们可以较清晰地了解汉代雕塑的水平。

先看它们的头首部位。独角兽的头部略向右偏,双角兽的则是微向左偏。双兽面部五官清晰,双目圆睁,眼部线条狭长而流畅,内眦开角宽阔,瞳孔又大又圆,上边一条眼线自前往后勾勒出先扬后抑的线条,到眼角处又斜飞延伸,呈现出近似丹凤眼的眼型,格外神采奕奕。眼角之后,各有两只椭圆形的耳朵挨着头部向后斜伸。双兽的鼻子顺着面庞上翻,露出两只鼻孔。鼻子下大嘴张开,露出上下两排牙齿,下排可见獠牙,舌头均向上翘起,似乎正在咆哮,引来雷霆万钧。下颌各有一条长须垂胸。

再看双兽的身躯。它们的颈部略微前伸,颈项后部皆阴刻七字隶书铭文:"缑氏蒿聚成奴作"。双兽身形矫健,前胸挺起,呈现出昂首挺胸的样子。肩生双翼,脊背呈连珠状,身体重心位于前部。身后均拖有长尾,尾巴粗大,根部始自臀部上方凸出略向上翘,随后自然下垂,向后外扩,略呈"C"形。尾巴兽毛以阴线刻,分作四段,独角兽的尾部最下一段则未见阴线刻，打磨光滑。它们尾末皆直抵底板，在四爪足之外又增加了一个增强稳定性的支点，五个支点一起落于长条形底板之上。

再来看双兽的腿部。它们有四条爪足，右前腿、右后腿皆向前迈，左前腿、左后腿则向后蹬，起到主要发力和支撑的功能。腿部肌肉矫健有力，结合上半身的沉稳，整体显示出一种不疾不徐、雍容肃穆的王者之风。

那么，这对石兽中哪一只是天禄，哪一只是辟邪呢？两只如此相似的神兽该怎么区分呢？它们有什么样的功能和神力，又发生了什么样的历史演变，才和后来的石狮产生了联系？让我们继续探索吧。

何为"天禄""辟邪"？

"天禄""辟邪"的名称，有什么特殊的含义呢？

原来早在先秦文献中就有这两个词汇了，不过当时并不用以指代神兽，而分别仅作为虚指的吉语或者贬义词。入汉以后，这两个词语既延续了先秦时的语义，也逐渐指代神兽。

如《续汉书·舆服志》载："皇后谒庙服。步摇，以黄金为山题。一爵九华，熊、虎、赤罴、天鹿、辟邪、南山丰大特六兽，《诗》所谓'副笄六珈'者。"王观国按："《后汉·舆服志》又谓之天鹿，则天禄为兽不疑矣。"[1]天禄兽寓意吉祥。《急就篇》云："射魃、辟邪除群凶。"颜师古注："射魃、辟邪，皆神兽名。"辟邪也指能够除凶保平安的神兽。

天禄、辟邪神兽的形象被创造于汉代，可要区分它们却不是一件容易事。因为在文献资料及考古实物中，这两种神兽的定名和形象都比较混乱。

---

[1]《续汉书·舆服志下》，见《后汉书》志第三〇，中华书局，1965年，第3676—3677页。

二 天禄辟邪——镇宅石狮的祖先

我们先来看文献资料中的记载。最早的相关文献可追溯至曹魏时期。《汉书·西域传》记载西域的乌弋国"有桃拔、狮子、犀牛",孟康在为其作注时说:"桃拔一名符拔,似鹿,长尾,一角者或为天鹿,(者)两角[者]或为辟邪。"[1]孟康之说在宋元明清的大量文献中得到了沿承。

在现代学界,对天禄、辟邪的命名问题却存在争议,虽然仍然以角数作为区分二者的标准,但具体说法却各不相同。大概有四类说法,以朱希祖先生为代表的第一类说法是:独角为"天禄",双角为"辟邪",天禄和辟邪的总名叫"桃拔";以朱偰、罗宗真及李蔚然先生为代表的第二类说法是:独角为"麒麟",双角为"天禄",无角的则为"辟邪";以杨宽、曾布川宽、刘敦桢、林树中、梁白泉及卢海鸣先生为代表的第三类说法是:独角和双角都为"麒麟";以孙机及宋震昊先生为代表的第四类说法是:独角为"辟邪",双角为"天禄"。

我们再看考古实物的情况。天禄、辟邪的实物资料也和古典文献资料有冲突。目前发现的汉代实物资料分为两类形态:一类是二维平面性质的,如铜镜、铜牌、画像砖、画像石以及墓葬壁画等;另一类则是三维立体性质的,主要以大型的陵墓神道石兽、中型器座、小型玉雕石雕等器物为代表。其中带有"天禄""辟邪"榜题的资料,基本能够锁定在神道石兽、铜镜、铜牌及画像石四类上。

在孟康笔下,天禄、辟邪的形象是"似鹿,长尾",可实物资料的形象并非如此。四类实物资料各成系统、盘根错节,我们不能不加区分地大而化之。其中情况最混乱的是铜镜图像,铜镜系统难以作为判断标准。在其余带榜题的三类实物中,陵墓石兽无论在体量、数量、技艺还是制度化上,都为典型,能作定名和形象的标准;且由此产生的标准也能够为铜牌、画像石所印证。所以综合考虑之,可从陵墓石兽上寻找定名的依据。

---

[1]《汉书》卷九六上《西域传上》,中华书局,1962年,第3889页。

怎么区分天禄和辟邪？

如今可考的石刻天禄、辟邪集中在东汉。存世可见、有铭文标记其名称的，仅有一件出土于河南南阳东北尚庄附近的东汉汝南太守宗资墓前的石兽。它的右肩上，有明代人依据《汝帖》旧文补刻的"天禄"铭文。它与另一件同为宗氏家族墓出土的石兽，被今人配作一对，现收藏于南阳汉画馆（图2-3）。

这对石兽由石灰岩雕成，其中天禄通高165厘米，长220厘米，右肩镌有"天禄"铭文；另一只则通高165厘米，长235厘米。这对石兽的头顶、面部都已经被损坏，四肢也已不见；只能大致看出它们昂首挺胸的体态。它们的头、颈部、身躯直至翘起的臀部，连成了一个大写的"S"，肩生半月形双翼。虽然无法得知这对石兽头顶角的情况，但我们可以推论在神道石兽中，天禄、辟邪确实是指这种有翼、狮身的石兽。

据此，我们可将汉代天禄、辟邪神兽的形象基本判定为：以狮子作为原型，有翼，头顶带角。至于怎么区分它们？应该尽可能还原古代背景，考虑古人的说法。孟康之说是目前所见最早的文献资料，孟康本人生活于曹魏时期，上承东汉，对东汉人的命名应有更深的理解。我们应当充分尊

图2-3　河南南阳汉画馆藏一对东汉有翼石兽

图2-4-1 独角狮　　　　　　　　　　图2-4-2 双角狮

重孟康的意见，即以独角兽为"天禄"，双角兽为"辟邪"。

当然了，天禄、辟邪的形象还有一个演变过程，它们并不是一开始就作如此昂首挺胸、走路带风的形态。在西汉，尚未见到与神道石刻一样的大型雕塑，不过陕西咸阳汉元帝渭陵出土了一对玉质翼狮。两只狮子体量小巧，一只头顶带独角，低首作匍匐前行状（图2-4-1）；另一只则头顶带双角，作昂首挺胸状，肩生长条形双层重羽（图2-4-2）。此外未见比这更早的本土翼狮实物资料。

另外，在西汉也有被称作"辟邪"的器座，最常见的是被雕作有翼神兽状的编钟座。但这些编钟座多以骆驼、马及龙首作为兽首的原型（图2-5），前两者动物的头顶还没有角。由此可知，从最初产生到定型，天禄、辟邪经历了由上述三种动物为原型的过渡后，才逐渐固定为以狮子为原型，其形象最终在东汉陵墓石兽处才真正定型下来。

图2-5　江苏盱眙大云山汉墓主墓M1出土编钟架铜底座

天禄、辟邪从何而来？

威风凛凛的天禄、辟邪，其造型灵感最初源自哪里？它们是受外来文化影响的产物，还是本土神话积淀的结果？关于这一问题，学界也多有讨论，目前基本形成三方面意见：西来说、本土说和中西融合说。

其中西来说意见占据主流，如波斯、斯基泰等艺术中就有翼狮的形象，并且作为天禄、辟邪原型的狮子即是外来的动物。东汉才有明确记录狮子传入我国的文献。《后汉书》中多次提到，月氏、安息、疏勒等地向汉朝献狮子。

如《后汉书·班超传》载：章帝建初八年（83年）"初，月氏尝助汉击车师有功，是岁贡奉珍宝、符拔、师子，因求汉公主"[1]。《后汉书·和帝纪》：和帝章和二年（88年）"冬十月乙亥，以侍中窦宪为车骑将军，伐北匈奴。安息国遣使献师子、扶拔"[2]。《后汉书·顺帝纪》载：顺帝阳

[1]《后汉书》卷四七《班超传》，中华书局，1965年，第1580页。
[2]《后汉书》卷四《和帝纪》，中华书局，1965年，第168页。

二 天禄辟邪——镇宅石狮的祖先

嘉二年（133年）"六月辛未……疏勒国献师子、封牛"[①]。

不过若考虑到有翼、带角等想象性元素，则无法忽视本土文化的影响。

翼兽和角兽在先秦本土文化中早已出现。我们要注意的是，翼兽中要排除鸟类，或由鸟类与其他动物形象混合、杂糅而成的神兽。常见的翼兽是翼虎、翼龙等，它们就是以本土传统动物为原型。其羽翼形制可分作半月形和长条形两种类型，有学者认为半月形羽翼的艺术源头来自中国青铜装饰与斯基泰艺术风格[②]。其实长条形羽翼也早在春秋时期的本土艺术中就已出现。如一件传为山西太原出土、现藏美国亚洲艺术博物馆（弗利尔美术馆）的子乍弄鸟尊，为春秋晚期青铜器，其原型就是一只凶猛的鸮，翅膀为上下两重叠羽，每重各由五行较长的羽翼组成（图2-6）。

带角神兽在先秦也常见，如青铜器上普遍的兽面纹，头顶就有角。又如山东省淄博市淄江花园辛店二号墓出土的一件战国早期兽柄青铜豆（图2-7），豆柄塑作立虎造型，虎首向右方扭转，两前肢向上半举支撑托盘，

图2-6 美国亚洲艺术博物馆（弗利尔美术馆）藏子乍弄鸟尊

图2-7 山东省淄博市淄江花园辛店二号墓出土兽柄青铜豆局部

[①]《后汉书》卷六《顺帝纪》，中华书局，1965年，第262、263页。
[②] 秦臻：《汉代陵墓石兽研究》，文物出版社，2016年，第139—148页。

胸部前挺，身躯挺立。立虎头顶一独角向后上扬，形状近似"L"形，与孙旗屯出土有翼独角兽（图2-2）的角形制相似。

因此，虽然狮子是外来动物，但由于本土文化中的翼兽、角兽在先秦已经出现，且本土神兽羽翼、角的形制可能对天禄、辟邪的影响更大，所以推测这两种神兽还是中西文化共同作用的产物。

天禄、辟邪石兽背后的陵墓制度

我们之所以用天禄、辟邪作为汉代陵墓石兽的代表，除了这类实物的体量、技艺、影响力等因素，还因为它背后有一套较完整的陵墓制度在发生作用，我们可以透过具体的石兽去了解汉代的文化制度。

虽然石刻天禄、辟邪到东汉才出现，但先秦时期已有陵墓石兽之雏形。如郦道元《水经注》描述过西周宣王时的名臣仲山甫墓前的石兽："中山夫人祠南有仲山甫冢，冢西有石庙，羊虎倾低，破碎略尽。"我们还要了解的是，陵寝制度在秦代发生变革，原先为先王设立的"寝"自都邑中的宗庙里分离、改设到帝王陵墓旁，并在陵墓附近设置"庙"作为祭祀场地。到东汉，以明帝举行上陵礼为标志，陵寝的地位提升，宗庙的地位下降，以朝拜和祭祀为主要内容的陵寝制度得以确立。

而神道石兽是陵寝制度中的一个重要元素，唐代人封演《封氏闻见记》载："秦、汉以来，帝王陵前有石麒麟、石辟邪、石象、石马之属。"[1]在墓园地面上放置石刻神兽，祈盼起到保护墓主人的魂灵顺利升仙的作用。

文献中最早关于秦代陵墓地面石兽的记载，是关于秦始皇骊山陵墓的石

---

[1]（唐）封演撰，赵贞信校注：《封氏闻见记校注》卷六，中华书局，2005年，第58页。

麒麟，如《三辅黄图》中的记载。《西京杂记》也提及，描写得尤为生动：

> 五柞宫有五柞树，皆连抱，上枝荫覆数亩。其宫西有青梧观，观前有三梧桐树。树下有石骐驎（麒麟）二枚，刊其肋为文字，是秦始皇骊山墓上物也，头高一丈三尺。东边者前左脚折，折处有赤如血。父老谓其神，皆含血属筋焉。①

《西京杂记》的文字在文人笔记小说中当属一流，似幻亦真，半是采撷真实半是无稽想象。因此这两件西汉离宫五柞宫中藏着的石麒麟，说是来自骊山皇陵，却被勾画得通了灵，竟生了血肉筋骨，简直犹如羚羊挂角，仙影飘然。

目前考古实物中所见的陵墓石兽，最早是西汉霍去病墓周围的石刻群，它们形象地展示了陵墓石兽的形制。东汉时陵墓神道石刻已成规模，也被制度化，其中的石兽往往被布置在祠堂或祠庙之前，成对出现在墓前大道（神道、隧道）的两旁。

陵墓石兽有什么作用呢？为什么古人要专门搁置它们在如此神圣的神道两侧？以天禄辟邪为例，东汉时期，现实中的狮子因其凶猛威力而被艺术化，被放置到墓园的神道两旁，是为了镇压危害死者的鬼魅，起到辟邪除凶的作用，保护亡灵并引导帮助其顺利升仙。目前发现的天禄、辟邪石兽，不少是成对出现，加上其出土墓葬的空间分布，这些特征能够帮助我们去理解当时的墓园制度。如在四川雅安高颐阙前的有翼石狮。

高颐阙位于雅安县城东7公里处，建于东汉建安十四年（209年），分为东、西两阙，两阙相距13.6米。在高颐阙的北面有高颐墓，距离阙有163米。墓前有碑，碑文曰"汉孝廉高颐墓"。阙前排列着两只狮身石兽，身高1.1米，长1.6米，肩生双翼。如此，从北至南，墓、碑、阙、兽，就构成了高颐

---

① （晋）葛洪：《西京杂记》，三秦出版社，2006年，第138—139页。

墓园的整体形貌，这对于我们了解汉代墓、阙的布局有一定参考意义。

那么除了洛阳孙旗屯、南阳宗资墓、雅安高颐阙出土的有翼石兽，我们还能找到其他的例证吗？答案是肯定的，目前全国还有数十件被考古工作者命名为"天禄""辟邪"的东汉石兽，或者虽未有明确的定名，但也具备有翼、带角、类似狮子等特征。它们主要分布在今河南、河北、山东、陕西和四川等地。

各地区出土的石兽，都具有什么样的地域特色呢？概括一点地说，河南地区出土的天禄、辟邪最多，造型也最为精致完善，基本以狮子作为原型，配以羽翼或角，身形矫健精干，大都是昂首挺胸、迈步向前的姿态。河北地区出土的石兽较之河南石兽，整体造型类似，皆昂首挺胸，但体态更为宽胖浑圆。四川重庆地区则是中原之外、崛起于西南地区的又一石刻重镇，这里的石兽最为浑朴，其整体造型虽类似于昂首挺胸、迈步向前的翼狮，但雕刻手法更为粗犷朴拙，不如中原地区的细腻精致。

不同地区不同风格的石兽，既反映出各地鲜明的地域特色，又具有基本形制的统一性，侧面反映出汉代统一背景下各地区"和而不同"的文化风格。

天禄、辟邪的流变与传承

汉代的天禄、辟邪对后世影响深远。较近的是影响到南朝帝陵的石兽，在当时的建康如今的南京，有不少帝陵神道两侧都有类似的带翼石狮，它们继承了东汉陵墓中天禄、辟邪的形制与功能，其技法较之东汉更为精细成熟，少了几分曾经的古拙意味。而这两种神兽更大的变化不仅仅在于其形貌，还发生在被运用的场域中，即从威严无双的镇墓兽，演变成了后来生活

二 天禄辟邪——镇宅石狮的祖先

中府宅门前的看门兽，逐渐消退了曾经的神奇色彩而流于日常化。这种变化自魏晋以来就慢慢发生着：魏晋南北朝和隋唐以来，本土的狮子艺术深受波斯萨珊文化影响，狮子的头部开始增加卷发，身体形态日益变得像犬一样蹲坐。尤其在胡风大盛的唐代文化中，这种形象得以定型。

清代的门狮习俗格外流行，富贵人家的府门前必得设置一对镇宅石狮。比如《红楼梦》里写府宅之盛，不经意的一个细节是，黛玉和刘姥姥出场打量宁荣二府时，不约而同都望见了府门口的两个大石狮子。冷郎君柳湘莲也是，在他对贾府颇为决绝的思维印象里，倒还记得东府里有两个石狮子是干净的。这三位身份地位各不相同的人物，都无一例外地注意到了石狮。曹公手笔便是如此，从不肯直露，总把那番气象巧妙地隐藏于白描细节之下，令贾府老宅子那种久经时间与人事之后、沉淀淬炼下来的荣华，由石狮子一类的旁峰侧岭烘托超逸，才来得底蕴悠长而醇厚。

清代门狮凭其精美入世的造型和高超细腻的技法，成为传统狮子的典型标本。直到今天，石狮艺术仍然影响着我们的生活。

一对经典的门狮形象往往是一雄一雌、一右一左地并排蹲坐着，皆为卷发，颈项上挂有铃铛，瞋目怒吼，神态威猛，但皆已无角无翼。门右的石狮右脚踩绣球；门左的狮子可能左脚踩一幼狮，幼狮背倒贴石座、倒身四肢朝天、腹肚被大狮踩摩，一大一小狮子似在嬉戏，享受着同人类一样的天伦之乐（图2-8）……它们不拘一格的造型艺术，于威严中透露出温情。

另外，我们今天常见一种雕作狮形、寓意吉祥的玉饰，被称作"貔貅"，又有说法称其别名为"天禄"或"辟邪"。"貔貅"一词在汉代也已出现，如《史记·五帝本纪》曰："（轩辕）教熊罴貔貅䝙虎，以与炎帝战于阪泉之野。"[①]但在古代似乎并无明确将它与天禄、辟邪相联系的记载。它是否与汉代的天禄、辟邪有关联，还有待考证。

如此，上可追溯至汉代的石狮艺术，在岁月更迭中保持着生命活力。

---

① 《史记》卷一《黄帝本纪》，中华书局，1959年，第3页。

驰骋三界——汉代神兽的图像世界

图2-8 中国国家博物馆门前石狮

狮子最初由异域传入，又融合本土文化进行想象与再创造，于汉代诞生了天禄、辟邪，而后又持续不断地兼容并包、推陈出新。在这一路上，两种神兽自墓园走向到滚滚红尘之地，由猎猎生风、呼啸纵横的神兽转变为内敛镇定、不怒自威的石狮，如今依旧在镇守门宅，以一种静默不语的姿态保佑阖府安康。

"六朝文物草连空，天淡云闲今古同。"从真实的狮子到天禄、辟邪，再到石狮，它们从现实到艺术的演变过程，仿佛一篇雄文，一开篇便令人惊艳，中途变幻万千、雄健峻拔，结尾又神完气足，汇聚了说不尽的天地英华之气。它们变幻的是外形，不变的是其一脉相承的精神内核：延续传统文化的精髓和智慧，为人们展示了一个既陌生又亲切、与我们民族记忆根脉相连的精神空间。

在那个空间里，我们体会到的是先人造神的奇特想象力，感受到的是古人对于生命的守护与敬重之心，领悟到这些智慧与敬畏需要一代代传承、延续，以此维护与拓展中华民族源远流长的精神家园。

三

像羊像马又像鹿的汉代麒麟

生年不满百，常怀千岁忧。古代威胁人生存的因素好像比现在多一点，饥饿、疾病、战乱、野兽、自然灾害……随时都可能让人感到生如朝露、命若草芥。在那种脆弱体验下的人往往敏感，更易觉察世界的无常。

　　人行在世，一路为生存牵着走，似有影影幢幢，遍地魑魅魍魉；一路却也在执着找寻那一束光，以求一点内心与外界的契合。

　　因此，人需要信仰和寄托。比如宗教神灵、庆典节日等，就担负着人们的期冀。麒麟便是这样一类神兽，代表着人们渴望吉祥如意的心理，令人在世界的流变里有一点踏实的凭靠，生出一点丰盈和喜悦。

　　为什么麒麟能够给古人起到强心剂的作用？麒麟是在什么时候创造出来的？这一神兽长成什么样，它在古代的模样和今天的相比，有没有变化？它具体有什么作用和文化内涵呢？它是皇家专有的神兽，还是民间也可以信奉的神兽？

　　让我们先从西汉海昏侯墓葬中出土的"麟趾金"说起。

三　像羊像马又像鹿的汉代麒麟

海昏侯墓里的麟趾金

西汉海昏侯名刘贺，他的墓葬位于今江西南昌，该墓在2011年经由科学考古发掘，距离今天已有十余年，但墓主人的传奇经历与墓葬出土文物的价值，仍为学界所重视，也让人慨叹。

汉元平元年（公元前74年），昭帝驾崩，因无子，权臣霍光选择让宗室昌邑王刘贺前来继承皇位。这一政权的交替完全改变了刘贺的命运，他自故土昌邑国入长安继位，可仅27天，就因个人德行不足，其权力大厦在残酷的政治斗争中轰然崩溃，被废位，遣回故国。元康三年（公元前63年）三月，他接到后继者宣帝的诏书，被封海昏侯，赏赐食邑四千户，迁往豫章（今江西南昌）。刘贺却在豫章与人交谈时，流露出对于当年宫斗失败的悔恨，而被告发受到严惩，不久即悄无声息地辞世。

其实多年前政治生涯的结束，就意味着刘贺余生的绝望，但这条史料记载真实表明了他的煎熬。由此我们可以猜测，在最后的岁月中，刘贺应无数次地回忆过未央宫所焕发的辉煌却脆弱的荣光。为了维系与中央政权那丝虚无的联系，他曾虔诚地准备过一堆金器，幻想参与朝廷的酎金礼。然而他乃"嚚顽放废"之人，参与宗庙祭祀的政治资格最终还是被剥夺，因此那些贵重的金器只能随主人一同被埋入深深的墓穴，成为永恒的谜题，直到两千年后重启，轰动世界。

刘贺墓出土遗物1万余件（套），包括金器、青铜器、铁器、玉器、漆木器、陶瓷器、竹编器、草编器、纺织品和竹简、木牍等。其中金器有478件，约115公斤，形制有金饼、金版、马蹄金与麟趾金等。因仅有金饼墨书"南海海昏侯臣贺元康三年酎金一斤"，可以确定是为酎金礼而制的，其余金子的用途则暂难确定，不过有两种造型特别，引人注目。

一种铸成马蹄状，唤作"马蹄金"（图3-1）。另一种则铸成尖足蹄状，形似鹿蹄，底部触地，顶部一圈细巧金丝线纹饰带，做工精致，通体修长，名为"麟趾金"（图3-2）。

图3-1　江西南昌海昏侯墓出土马蹄金　　　　图3-2　江西南昌海昏侯墓出土麟趾金

麒麟的皇家文化内涵

顾名思义，"麟趾"即麒麟的蹄足，这一词汇源远流长，早见于《诗经》。《周南·麟之趾》："麟之趾，振振公子，于嗟麟兮。"[1]用"麟趾"比兴，来形容贵族公子的雍容气度与高贵品德。

"麟趾"一词得到流传，还影响到少数民族的文化。如北周明帝专立麟趾殿，汇聚南北方的文化名流在此校编经史群书，庾信、王褒等流落北朝的南朝名人就曾在此效力。

麒麟乃一种神兽，如韩愈言："角者，吾知其为牛；鬣者，吾知其为

---

[1]（汉）郑玄笺，（唐）孔颖达正义，朱杰人、李慧玲整理：《毛诗注疏》，上海古籍出版社，2013年，第80页。

马。犬、豕、豺、狼、麋、鹿，吾知其为犬、豕、豺、狼、麋、鹿；惟麟也不可知。"但在先秦秦汉，它却被想象成一种现实中可见的吉兽，象征着太平盛世。比如著名的孔子悲歌"西狩获麟"的故事。到了汉代，皇家对麒麟的推崇登峰造极。

西汉长安宫城里有以麒麟命名的建筑，如《三辅黄图》卷二《汉宫》载："《汉宫殿疏》曰：'未央宫有麒麟阁、天禄阁，有金马门、青锁门，玄武、苍龙二阙。'"卷三《未央宫》："麒麟殿，未央宫有麒麟殿。"卷五《观》："麒麟、朱鸟、龙兴、含章，皆馆名。"

麒麟阁因有十一功臣画像，而广为流传。汉甘露三年（公元前51年），宣帝实现中兴，为感念臣子，特令画工绘制十一名功臣图像于麒麟阁，霍光、张安世、杜延年、萧望之、苏武等人名列其中。此乃人臣至高的荣耀，被后人咏作"功成画麟阁""谁家麟阁上"。

从政治中心的麒麟阁、麟趾殿到边缘之地豫章的麟趾金，麒麟仿佛成了皇族文化里必不可缺的吉祥符号，是血统与身份的象征。

那么，麒麟到底长什么样？

麒麟的原型

自古以来，麒麟的形象好像流变不居。

如南朝建康帝陵神道两旁的狮形石兽，有被称作"麒麟"的。台北故宫博物院藏一幅《明人画麒麟沈度颂图》，描绘了榜葛剌（孟加拉）国向永乐帝朱棣进贡"麒麟"的场景，图中麒麟却是长颈鹿的形象（图3-3）。今北京故宫博物院慈宁宫大门前置一对铜兽，狮首鳞身（图3-4），则有"狮子"与"麒麟"两种称呼。

驰骋三界——汉代神兽的图像世界

图3-3 台北故宫博物院藏《明人画麒麟沈度颂图》

三 像羊像马又像鹿的汉代麒麟

图3-4 故宫博物院慈宁宫大门前铜兽

那最早的麒麟就长这样吗？先秦秦汉时期的文献与图像资料表明，以上这些都是后世对麒麟形象的演绎变形。它的形貌其实与外来的狮子并无关联，而是本土动物的复合体。

在文献记载中，它的原型有羊、马和鹿三种动物。似羊说，如《初学记》卷二九引《孝经右契》："如麕，头上有角，其末有肉，羊头。"似马说，如《御览》卷八八九引《说文》："马身，肉角，牛尾。"似鹿说，如《尔雅》曰："麕身，一角，牛尾。"无论像哪种动物，有一点共通的是：麒麟头顶长有独角，并且可能角端带肉。

图像资料中的麒麟形象，也与文献记载大致相符，可分作似羊、似马和似鹿三种。

（一）羊形麒麟

羊形麒麟的特点是什么呢？它多以纹饰形态出现在汉代的铜或玉器上。

比如陕西西安汉长安城武库遗址出土一枚玉佩（图3-5），玉佩呈圆形，中央透雕，主体纹饰即一只带翼独角羊，羊头顶一只独角向后弯曲，曲颈回首，三足挺立，唯有右前蹄抬起，肩生双翼，在云气纹背景的烘托下，愈发显出它身形的矫健。孙机、霍宏伟等先生将此类独角羊形象定名为"麒麟"。

类似图像多见于查拉姆、诺彦乌拉等北方匈奴墓葬出土牌饰上，有学者推测这一图像是斯基泰风格、鄂尔多斯式铜器在汉代的延续。

又如汉代流行的规矩五灵镜、多乳禽兽带镜上，也多有羊形的麒麟图像，它与其他四灵形成组合。所谓五灵，即青龙、白虎、玄武、朱雀和麒麟五种神兽，这一神兽组合自西汉后期开始流行，与五行说有关。如《礼纬·稽命征》云："古者以五灵配五方：龙，木也；凤，火也；麟，土也；白虎，金也；神龟，水也。"

图3-5　陕西西安汉长安城武库遗址出土羊形麒麟玉佩

图3-6　河南洛阳出土西汉五灵博局纹铜镜拓片

三　像羊像马又像鹿的汉代麒麟

　　一面洛阳出土的西汉五灵博局纹铜镜，做工精湛，纹饰华美。该镜为圆形，镜背结构分作纽座、内区和外区三部分，圆纽座周围饰一圈乳钉纹，间铸十二地支篆文，代表时辰；内区由连弧乳钉纹和博局纹分划出四方八极，在每一个方位的格局中各自装饰着神兽图像；外区为一圈铭纹带，其文辞具有汉赋的风格；再外围则饰几何纹、云气纹饰带（图3-6）。铜镜内区中主体纹饰上的神兽造型生动，或蜿蜒腾飞，或前迈生风，或回首长啸，或展翅云翔，周围间以云气纹，更增添几许仙气。其中麒麟与朱雀相配，位于南方。

（二）马形麒麟

　　马形麒麟图像又在哪里可以见到呢？其实汉代的壁画和画像砖、画像石，对它的刻画最为生动。

　　其中最具说服力的是带榜题的图像，见于河南荥阳苌村汉代壁画墓中。该墓的壁画因受潮、年代久远等原因，已有所损坏，在前室西壁，依稀可辨其上部南侧彩绘一珍禽，面北，尾羽雍容，墨书榜题"凤皇"二字；与之相对的北侧绘一瑞兽，面南，肩生双翼，马蹄，牛形尾，隶书榜题"骐骥"二字。该兽身形的主体部分已模糊不清，只能据其大概轮廓推测为马形。

　　较为明确的一例图像见于江苏徐州茅村汉墓前室的画像石上。该石左、右、上外框饰以半圆形花纹，内以横线勾勒边框，框内的主体图像为一列奔跃的神兽。画面的两端各置几条神龙、神鸟等，正中央为一名羽人饲一对麒麟的图像组合。羽人立在中间，手舞足蹈，双臂展开，似在饲弄神兽；两只麒麟一左一右相向而立，外形相似，皆似马，头顶除了双耳竖立，还有一只带肉独角，曲颈，头略往前伸，去够面前羽人的手，一派其乐融融的自然生趣（图3-7）。

图3-7　江苏徐州茅村汉墓前室画像石

（三）鹿形麒麟

鹿形麒麟则最为常见，但有时也容易和马形麒麟相混淆。从图像上的榜题来看，"骐驎"二字的"马"字偏旁，似乎暗示了该神兽与马的关系。

除了前述荥阳苌村壁画墓的材料，江苏邳州东汉缪宇墓后室东壁的画像石上，也有榜题为"骐驎"的神兽。该石画面分作上下四层：上两层为人物图，下两层为神禽异兽图。在从上往下第三层上，刻有"骐驎"兽，但该兽却为鹿形，姿态娴雅（图3-8）。另外，山东嘉祥武梁祠画像石上也有鹿形麒麟图像，其榜题则作"麟"字，又似乎暗示与鹿的关联。因此，从字形上看，"马""鹿"偏旁可能寓示着麒麟原型的变化。

相较之下，鹿形麒麟的图像资料最为丰富，并且造型格外优美，全面体现了古人创造这一神兽所寄托的如花心愿与美好寓意。

如河南偃师李家村出土鎏金铜麒麟，高8.6厘米，长6.7厘米，以鹿为原型，头顶独角，平视前方，目光柔和，颈部有刻划的项圈，四肢挺立。该麒麟造型秀雅，通体鎏金，鎏金层有脱损处，显出色泽半旧而隽永，叫人想起余霞在此散成绮；将小兽包裹晕染开去，又偶尔轻轻打个回旋儿，使得氛围感似澄江静如练（图3-9）。

鹿形麒麟在川渝、陕西的画像石上较为常见。它们的外形相近，常头顶带肉独角，昂首挺胸，牛形长尾下垂，四肢纤细，驻足点地，尽显其灵动姿态。

三　像羊像马又像鹿的汉代麒麟

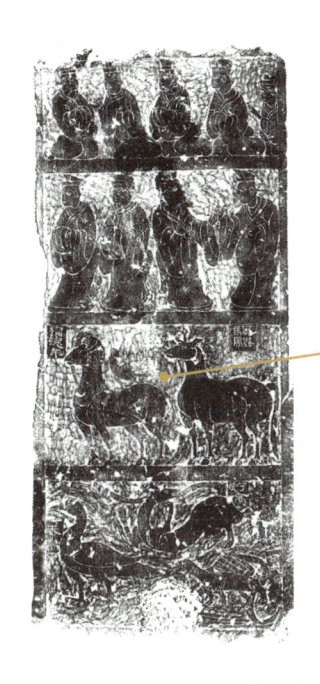

图3-8　江苏邳州东汉缪宇墓后室东壁画像石拓片及其局部

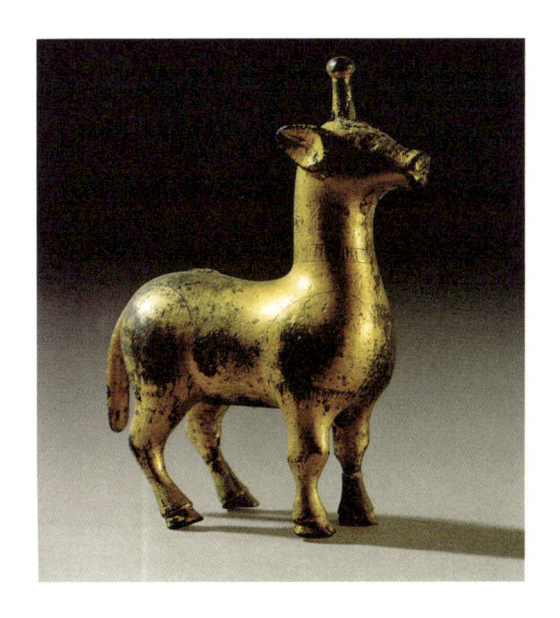

图3-9　河南偃师李家村出土鎏金铜麒麟

四川凉山昭觉出土一件东汉麟凤石刻，保存的状况较好，其中麒麟颇具王者之风。但见它头顶一只带肉独角傲然挺立，角端肉似桃形，昂首曲颈；前半身倾斜落地，重心压低，后半身略微抬起，肩上羽翼在风中翩然上扬，如此形成一种前低后高的视觉效果，似乎刚刚从天而降，纵身一跃轻盈触地，飘飘若仙，不染凡尘（图3-10）。

陕西米脂出土一块东汉墓门楣画像石，画面分作上下两层。上层的左右两端分别刻有日、月轮；中间以藤蔓状流云纹为主，其间夹杂有各式神兽、羽人，仿佛云气中诞生了神灵，神灵又幻化作瑞云，相互缭绕纠缠、纷扰难辨，尽显仙境的迷离梦幻。下层画面为一列向左行进的神兽队伍，捣药白兔、虎、龙、凤、神鸟等依次前行，中间杂以瑞草；画面最左端为一羽人和麒麟的组合，但见羽人面向右方，一足点地一足跃起，手捧一株瑞草朝向面前的麒麟，而麒麟位于神兽队伍的队首，面对羽人，头顶的带肉独角随着扬起的头部微向后仰，挺胸而立，右蹄抬起，精神抖擞（图3-11）。在此羽人和麒麟形成一种奇妙的应和关系，仿佛一列队伍在跋山涉水之后，终于迎来一名来自仙境的使者，他带来了一缕神秘的瑞兆。

以上是汉代麒麟常见的三种类型。它们虽各有特色，但都头顶竖独角，外形充满了灵秀之气。

图3-10 四川凉山昭觉出土鹿形麒麟石刻拓片

三 像羊像马又像鹿的汉代麒麟

图3-11 陕西米脂出土东汉墓门楣画像石拓片

麒麟常与哪些图像相组合？

汉代麒麟常与其他神人、神兽形成图像组合，共同在墓室中营造出仙魅灵光，仿佛以此情景就可以抵消死亡的恐惧，安抚那永逝的灵魂。

铜镜上的麒麟常与多种神兽，特别是四神相组合，而画像砖、画像石和壁画上的麒麟，组合对象可大致分作以下三类。

（一）与西王母相组合

西王母是汉代风头无两的女神，早在战国时期就有她的传说流行。《山海经·西次三经》载："西王母其状如人，豹尾虎齿而善啸，蓬发戴胜，是司天之厉及五残。"[1]到了汉代她更因被传为拥有不死灵药而声名大盛，从西汉晚期起形成了一种上自官方、下至民间都流行的西王母信仰。在汉代的画像石、画像砖、铜镜乃至西南地区的摇钱树、陶俑上，西王母已俨然从《山海经》中的半人半兽形象，演变成了端庄高贵的女神。

她华服广袖，或梳高髻或者戴冠，最常见的是戴胜。《释名·释首饰》曰："华胜，华象草木华也；胜言人形容正等，一人着之则胜。蔽发前为饰也。""胜"乃一种发饰，据孙机先生考证，在画像石上戴胜的西

---

[1] 袁珂校注：《山海经校注》，上海古籍出版社，1980年，第50页。

俗妇女并不多，这种饰物大致可视作西王母的标志之一。另外，西王母的周围往往聚集着一些侍从，比如玉兔、蟾蜍、三足乌、九尾狐、鸡首或牛首人身神等，麒麟有时也可能出现其中。

比如山东邹城高庄乡出土的一块画像石，画面最上方刻主神西王母图像，只见她头戴长杖之胜，身着长袍，凭几而坐，左右各有一名侍者。画面下方刻一群神兽，飞鸟走兽、龙腾虎跃，其中一只麒麟形似小鹿，昂首挺立，头顶的带肉独角向后伸去，短尾上翘（图3-12）。

在汉代，人们认为西王母所在之地，寓示着不死之仙境。如王僧达《祭颜光禄文》曰："昔常娥以西王母不死之药服之，遂奔月，为月精。"麒麟出现在此仙境，也就带有长生吉祥的含义。

（二）与其他仙人相组合

除了西王母，麒麟还常与一般仙人相组合。

仙人的特色在于能够遨翔天地宇宙之间。如庄子《逍遥游》云："藐姑射之山，有神人居焉，肌肤若冰雪，绰约若处子；不食五谷，吸风饮露，乘云气，御飞龙，而游乎四海之外。"汉代人相信仙人可以引导升仙，通往自由无碍之境，如《汉书·郊祀志》曰："……有仙人服食不终之药，遥兴轻举，登遐倒景，览观县圃，浮游蓬莱。"

在画像石上，麒麟可能作为仙人的坐骑。在汉画像的图像表达上，骑麒麟与骑马的情态相仿，如山东临沂白庄出土的一块画像石，画面从上而下分作四格，依次为：人物、仙人骑麒麟、三虎并驱和倒立的怪兽图像。其中第二格，两只独角麒麟并立，其中一只背上骑着一名仙人，双手举起，似在指点把握方向（图3-13）。

还有一块临沂白庄画像石，形制与前者相仿，也从上而下分作四格，依次为：人物、骑羊、骑麒麟和三首人面兽图像。在第三格中，麒麟似马形，独角硕大，昂首挺胸，长尾垂下，器宇轩昂；一名仙人骑在它的背上，右手抬起，身体微微向后仰（图3-14）。有学者注意过这一现象，指

三　像羊像马又像鹿的汉代麒麟

图3-12　山东邹城高庄乡出土画像石拓片

图3-13　山东临沂白庄出土画像石拓片

图3-14　山东临沂白庄出土画像石拓片

图3-15 四川泸州七号石棺麒麟画像拓片

出:"虽然在画像石上没有看见骑马用镫的形象,但从一些骑马人身体向后倾斜的情况推测起来,脚下若是不蹬任何东西,是很难做到那样的。"[1]

马镫发明于何时?已有多位学者做过讨论,王子今先生结合各家意见,进一步考证认为早期马镫是外包金属或皮革的木芯马镫,这种形制的文物资料集中出土于中国东北地区,其年代大致为3世纪至4世纪,出土地点多在鲜卑人墓葬[2]。

再如四川泸州七号石棺上的一幅仙人与麒麟相组合的图像,仙人立于麒麟身前,歪头而视,面带微笑,手持一枝瑞草饲喂麒麟,寓示着人与兽双方的神奇属性;麒麟位于画面左侧,头顶独角,肩生双翼,嘴巴凑向面前的瑞草(图3-15)。

画像石上的骑行仙人图像多有引导亡灵升仙的作用,当他们和麒麟组合在一起,也就意味着赋予了麒麟类似的功能。

(三)与凤凰相组合

麒麟和凤凰也是一对常见的组合。《春秋左传正义》云:"麟凤五灵,王者之嘉瑞也。"《焦氏易林》中有较多以麟凤为主题的谶言:"凤

---

[1] 武伯纶:《关于马镫问题及武威汉代鸠杖诏令木简》,《考古》1961年第3期。
[2] 王子今:《秦汉名物丛考》,东方出版社,2016年,第445页。

凰在左,麒麟处右。仁圣相遇,伊吕集聚。时无殃咎,福为我母。""麟凤所游,安乐无忧。君子抚民,世代千秋。"《获麟歌》曰:"唐虞世兮麟凤游,今非其时来何求?"

麟、凤各为兽中仁者、鸟中王者,将其并举,可以视作治世的象征,极富吉祥之意,如王充《论衡·讲瑞》:"夫凤皇,鸟之圣者也;骐驎,兽之圣者也。"

画像石上也有这对组合,且往往构图华美。如山东前凉台墓墓门下横额画像。此石构图讲究,在画面左右两端各刻有一根长柱图像,柱头各设一斗三升斗栱;中间的主体画面由上下各两道纹饰带装饰,并由三条菱形纹分隔成左右四格,这些纹饰带仿佛帷幔,与斗栱共同给画面营造出一种类似殿堂的视觉效果。在每格画面中,各有一只神兽,其中位于中央的两只,左为凤凰,长翎鹤颈,尾羽长而华茂、向上卷翘形成一条优美的弧度;右即为麒麟,独角,两翼向上飞扬,与凤凰相向而对(图3-16)。

又如四川新津二号石棺上的图像。此图汇聚了龙、玄武、凤和麒麟四灵,造型奇特,线条流畅,极富有艺术气息。在此画面上,凤凰、玄武和青龙占据了主要位置:画面中央是一对凤凰,左右相向,头顶一缕弯曲翎毛,展翅而立,羽翼丰满,它们的尾巴各由五根华美的长羽组成,尾羽精雕细琢、丝毫毕现,线条极尽飘逸之能事。对凤下是一只玄武,龟蛇相缠,造型奇特;它与对凤之间由一棵硕大的灵芝隔开,灵芝枝蔓蜿蜒、飘洒纷飞。在凤与玄武的右侧,有一条同样体量的青龙,肩生羽翼,腾空而起,与展开双翼的对凤一起遮蔽了天空,仿佛将一切都笼罩在神灵的威力下。玄武左侧有一奔跑的人,右侧则有一人骑麒麟向中央而奔,麒麟头顶独角,似马形,长尾飘扬,四蹄翻飞(图3-17)。在这块画像石上,麒麟与数种神兽相组合,体现出汉代造神技艺的高超,好像对这些神兽奇禽的虔诚信仰,真的能够打动天地,寓示着至深的祝福。

麒麟凝聚着传统文化的智慧与审美。它既溯源古远,又流传至久,在更迭绵延的时空中,其形象或许在一代代的传说里,发生了改变,但人们对于它的喜爱与向往却不曾变化,直到今天仍然是我们民族文化中的一个吉祥符号。

图3-16　山东前凉台墓墓门下横额画像局部

图3-17　四川新津二号石棺麒麟画像拓片

麒麟外形集众兽之华采，气度不凡，符合人们对于吉瑞的美好向往；它的内涵与仁德等符合儒家理想的道德观，由它可以生发出人类无限向善向和的情感与愿望，成为人们心灵的一个安宁支柱，所以它能有如此深厚的生命力。比如在汉代，它就已不再囿于迎合帝王需要的政治范畴，而更多展示出好夸猎奇的时代风气，关照到普通人的生命体验，与更宽广的大地发生联结。所以它能够流传至今，长久地打动着我们的内心，成为我们想象幸福的心灵安慰剂。

"人世几回伤往事，山形依旧枕寒流。"可是有时候，就连山河也抵御不了沧海桑田，一些美好的历史记忆，唯有依靠一代代人的精神文化传承，才能获得永生。

四

外来牛怎么成了汉代的本土神

一部《诗经》开启了我国现实主义文学的悠远传统，它里边除了庄严的礼乐、雄壮的战争、典雅的祭祀、贵族的荣光，更动人的是来自原野与水边的缱绻情意，与绵邈岁月里的日升月落、平凡烟火。在那些书写日常的诗句里，总有一些意象格外熨帖，给读者的心灵安上一个栖息的窝。

比如牛，它时常出现在《诗经》中：《大雅·生民》里的"诞寘之隘巷，牛羊腓字之"，是写开国之君的传奇；《王风·君子于役》中的"日之夕矣，羊牛下括"，是写苦盼归人而不得的失落与无奈；《小雅·无羊》中的"谁谓尔无牛，九十其犉。……尔牛来思，其耳湿湿。或降于阿，或饮于池，或寝或讹"，则写尽了牛的可爱，也流露出对家园的眷恋——放眼望去，主人所拥有的牛群那样齐整，瞧它们毛茸茸的耳朵厮磨在一起，或是从山丘上下来，或是在水池旁饮水，或是酣睡或是醒来哞哞作声，无不憨态可掬，惹得主人无限喜悦。

牛既是古代财富的象征，也是人类的伙伴，伴随主人度过生命中一个个潮涨潮落的日子。披星戴月、日落而息，不知不觉间，人和牛的一生也就那么过去了。

牛在审美上则是一种充满矛盾的动物。它既能负重隐忍，具有为中华民族所欣赏的吃苦耐劳特质，成为勤劳品德的象征；又是雄健烈性的，在某些时刻会展现出毛发偾张、气势冲天的阳刚之美。

在捕捉牛形神的杰出艺术品中，它的俯首与高昂、辛勤温良与雄姿英发……都会得到生动真实的再现。比如，汉代艺术对牛的表现力，更特别的是还为它添上想象的羽翼，升华它的健美不凡，令其变成一种神兽，护佑着人间。

那么在汉代，牛对于人们的日常生产生活有什么作用，在哪些场合中人们会用到牛？当时人是怎么挖掘并刻画牛壮美的一面的，达到过怎样的艺术高峰？在神话中，牛有哪些形象？牛又具有什么样的文化内涵呢？

就让我们一起去体味汉代艺术对牛的描摹和神化，去感受他们对牛的深情与厚意吧。

生活日常中的牛

我们从哪些图像能够了解牛在汉代的用途呢？那就是通过农耕、田猎、庖厨以及牛车图，在这些反映社会生活场景的图像中，牛可是主角。而这些生活习俗在今天的乡村依旧可见，由此可知汉俗的绵延之久。

（一）农耕图中的牛

牛耕在西汉时已被大规模推广，至东汉时期，逐渐从中原地区被推广到长江、珠江流域。牛耕图是画像石、画像砖乃至壁画上常见的题材，目前在陕西、山东、江苏、甘肃与内蒙古等地区皆有发现[1]。画面多呈现一或两牛挽犁、农人执犁并赶牛、奋力耕作的情形，其中二牛抬杠式耕种法较为多见。

如中国国家博物馆藏一块徐州睢宁双沟出土的画像石，就反映了东汉江南地区使用二牛抬杠式犁耕的情景。此石的左、右、下三边各饰一条菱形纹边带，主体画面分作上、中、下三层。最上层是仙人出行图，中间一层是人物会见图，最下层则为牛耕图。牛耕图的最右端停一辆已卸牛的柴车；中央为耕作图，并排左行的两头牛身装有向上斜伸的长而直的单辕，辕端装衡，一左一右驾着二牛，后面一农夫左手执鞭、右手扶犁，农夫身后随一儿童在撒播种子；不远处，还有一人执鞭驱赶一牛，后随一担夫

---

[1] 姚义斌、徐华瑞：《从汉画像石看两汉牛耕技术的进步——兼论两汉时期南方地区的牛耕问题》，《扬州大学学报（人文社会科学版）》2014年第5期。

（图4-1）。整幅画面展示了农家春耕忙的场景，牛是其中的主角，其身负重物、扬蹄卖力向前驱动的身形，与哞哞叫声仿佛跃然石上，形象诠释着它们对人类的莫大帮助。

甘肃武威磨嘴子汉墓出土一套彩绘木牛套长辕犁的明器模型。木牛全身绘黑漆，以白灰勾勒五官，头上尖角翘立，正俯首拉犁，好像正在勤恳犁地（图4-2）。

（二）田猎图中的牛

田猎是汉代一项重要的活动，既能捕获猎物、满足人的基本生存所需，也带有政治军事色彩、能起到军事训练的作用。汉画上的田猎图展现出了当时社会勇猛尚力的精神风向。

牛是这类图像中常见的动物。比如这块陕西米脂党家沟墓门楣画像石，画面由内外两层构成，外层为云气纹，内层图像则由仙境和狩猎图共同组成。在内层画面的正中央，有一座双层楼阁，底层并排端坐两位带翼仙人，楼阁外围绕着蟾蜍、九尾狐、神鸟、捣药玉兔等；在画面的左右两侧则为田猎图，右侧有一人骑角兽射鹿，左侧有一骑马者返身回首、拉弓射向后面的一头奔牛，情势危急，扣人心弦（图4-3）。

又如安徽淮北北山乡出土一块画像石，画面左方刻一柏树，树顶立一鸟，树下拴一犬，周围还有飞鸟环绕。右方则刻一株合欢，树枝上栖有鸟雀，上空有一彩凤展翼；树下有一人持弓向上射雀，寓意"射爵"，可能与汉代人希望升官受爵的心理有关；还有一牛被拴在树干上，正惊恐地望向猎手，扬蹄后退，增加了气氛的紧张感（图4-4）。

无论这些田猎图中的牛是否作为猎物，都体现出了它与人类关系的密切。并且画面动感飞扬，是那个时代精神的侧面写照。

图4-1 中国国家博物馆藏徐州睢宁牛耕画像石拓本

图4-2 甘肃武威磨嘴子汉墓出土彩绘木牛拉犁明器

图4-3 陕西米脂党家沟墓门楣画像石拓片

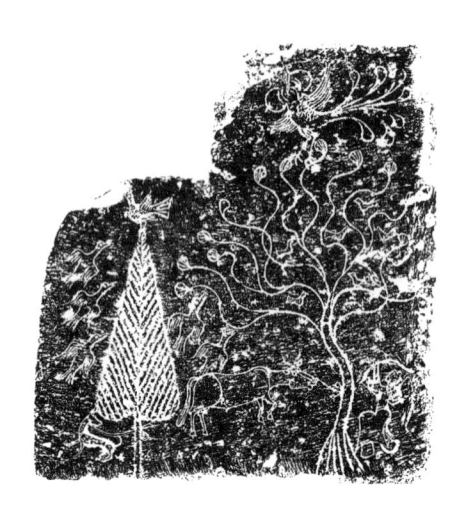

图4-4　安徽淮北出土画像石拓片

（三）提供衣食的牛

牛也为汉代人提供衣食。

牛奶、牛肉、牛骨、牛皮等，都具有实用价值，今人同样在使用牛的这些部分。食牛肉、牛奶的饮食习俗常见于汉代庖厨图上。

杨爱国先生将画像石上的庖厨图分作屠宰、汲水、炊煮和切菜四类，椎牛图为屠宰中的一种[1]。椎牛的场面在山东诸城前凉台、沂南北寨山汉墓出土画像石上皆有反映。

河南方城城关镇墓的西门下门楣石，上刻牛抵虎图。画面左方为一虎，后肢立地，上半身悬空向前扑，尾巴上翘，正昂首怒目、张口吐舌地恫吼；右方刻一牛，三蹄立地、左后蹄高扬，俯首用犄角狠命抵向猛虎，气势丝毫不弱；而就在牛扬起后蹄的一刹那，一戴尖顶帽的人趁机用环首小刀阉割牛的生殖器（图4-5）。阉牛是为使之便于耕作，也改善牛的肉质，这一习俗流传至今。

---

[1] 杨爱国：《汉画像石中的庖厨图》，《考古》1991年第11期。

另外，陕西榆林横山孙家园子墓门楣石上刻有挤牛奶图（图5-13）。

古人也有用兽皮御寒的习惯，一则经济，二则可能标榜某种特定的身份。比如鹿衣，在先秦已逐渐引申为粗衣，为贫者之衣；东汉时期的隐者处士，也有穿鹿衣、戴鹿皮冠的。又如汉代有著名的"牛衣对泣"之典，此牛衣则指用乱麻编就、为牛御寒的草衣，后世又称作"龙具"。

西汉元帝、成帝时期的王章，官至京兆尹，性情耿直、刚正不阿，素为大臣贵戚所敬惮。可他早年做太学生时，也曾经历过一段穷困潦倒的日子，比如一次生了病，却连被子也没有，只能借牛衣取暖。贫病交加让王章情绪低落，他自以为熬不过这一关了，竟躺在牛衣中感伤得落泪，忍不住向妻子诀别。王妻是古史上少有的留名女子，当然自有一派风范，她并不为丈夫的脆弱所惊慌，相反镇定自若，唤着丈夫的字"仲卿"训斥道："你瞧瞧如今在京师朝廷里的尊贵者，讲能力的话有谁能比得上你呢？可你在生病困厄之时，非但不自我激励、奋发图强，反倒哭哭啼啼的，哪有大丈夫的样子？"王妻的见识和坚强犹如一柄剑，破开了王章心中笼罩的迷雾与乌云，令王章醍醐灌顶，也倍感温馨。

后来王章几经波折终于得到外戚王凤举荐，并为成帝所用，但他并不买王凤的账，秉公行事，得罪了王凤，连同妻儿皆下狱。狱中，王章年方十二的小女儿继承了其母的聪慧，准确预料到其父终会因刚直的性格遭难。后来

图4-5　河南方城城关镇墓西门下门楣石拓片

果然如她所料。随着王章被杀害，其妻儿被流放至广西合浦，直到王凤去世后才得以还乡。这家有慧能的人家后来从事采珠业，勤劳致富，加上时人皆为王章之冤所不平，他们最终在劫后余生中得到了岁月的温柔庇佑。

（四）交通运输中的牛

牛还是汉代陆路运输的重要动力。牛车以车上是否装篷，分作篷车与敞车两种。王子今先生指出牛对饲料的要求低、力强耐久，虽然行速慢，但在秦汉时期逐渐成为最普遍的运输动力，牛车的普及是东汉交通运输发展的重要标志之一[1]。

不过牛车规格较低，从西汉初年大约至东汉中期，多用于载物，人乘牛车会被尊贵者所不齿，《晋书·舆服志》曰："古之贵者不乘牛车……其后稍见贵之。自灵、献以来，天子至士庶遂以为常乘。"这一风气的转变与为了生活便利的需求密切相关。孙机先生认为东汉晚期社会上层出行以牛车代马车，是车制上的重大变化，其原因之一是牛步徐缓，乘牛车的颠簸程度比马车小，并且可自由坐卧，不用像乘马车一样需要坐或立，并保持姿势的端正[2]。

如一件米脂官庄墓门左立柱画像石，画面分作上下几格，在最下一格刻一带车篷的牛车图像，应为篷车（图4-6）。又如甘肃张掖高台县骆驼城南出土一辆东汉彩绘木牛辀车明器。辀车制作得机巧，由双辕、车舆、帷盖及车轮组成，车舆前后各有两扇可开合的车门，门框涂褐底黑点，车轴、车轮及帷盖涂黑色，颇有麻雀虽小五脏俱全之势；而拉车的牛则被刻出身体轮廓，由黑线勾勒五官、毛皮，静静而立（图4-7）。

---

[1] 王子今：《秦汉交通史稿》（增订版），中国人民大学出版社，2013年，第153—157页。
[2] 孙机：《汉代物质文化资料图说》（增订本），上海古籍出版社，2011年，第118—119页。

四　外来牛怎么成了汉代的本土神

图4-6　陕西米脂官庄墓门左立柱画像石拓片

图4-7　甘肃张掖高台出土彩绘木牛辀车明器

审美对象的牛

牛除了物用,也具有审美意义上的价值。汉代人是怎么发掘它的雄壮之美的呢?

最具特色的是刻画处于战斗状态时的牛,比如画像石上常见的斗牛图像,充满了动感。

山东邹城面粉厂出土一块浅浮雕画像石,画面分上下两层,上层为宴乐和农作图,下层从左往右的图像依次为:两人击一人;二牛相斗;骆驼、大象依次向前行;射猎场景。其中的斗牛图氛围激烈,二牛一面扬蹄刨地、一面低头拼命用犄角抵向对方,观者似乎能感受到它们的牛气冲天,中间有一人似在做裁判,另一人骑在一牛身上也在专注观战(图4-8)。

汉代人也善于刻画静态的牛。比如江苏扬州邗江甘泉2号汉墓出土一件错银铜牛灯(现藏南京博物院),铜灯由灯座、灯盏和烟管三部分组装而成,这三组组件均可拆卸,便于清洗。其中灯座塑作黄牛形状,牛腹中空,背负圆形灯盘;灯盘一侧设置扁平把手,盘上拢两片可转动的灯罩,其中一片镂空雕刻,便于散热、挡风和调光;灯罩上扣穹顶形罩盖,烟管一头连接盖顶、一头与低垂的牛首相接(图4-9)。当灯盏中点燃烛火时,所产生的烟尘即上升、经由烟管导入盛有清水的灯座腹腔,得以溶水,环保卫生。

巧妙运用导烟管保护环境的原理,在汉代多件灯盏上都有所体现。如河北满城汉墓所出长信宫灯,即以小宫女高举拎灯的那只臂袖作为导烟管

图4-8 山东邹城面粉厂出画像石

（图4-10）；国家博物馆藏一件彩绘雁鱼青铜釭灯，以大雁修长的脖子作为导烟管（图4-11）。

扬州这件错银铜牛灯的造型美观，铜牛曲颈低首，瞠目张口，双角角根相连、角尖上刺，连贯成一弯月牙，线条流畅；牛四肢立地，尾卷上翘，体型雄健。灯座、导烟管和灯盏都施以错银技法，通体光滑、纹饰精

图4-10　河北满城汉墓长信宫灯

图4-9　南京博物院藏汉代错银铜牛灯

图4-11　中国国家博物馆藏彩绘雁鱼青铜釭灯

美。错银类似于错金，据考证，错金技法源于春秋战国时期，是在铜器上用金丝、金片镶嵌成纹饰、文字，然后用错石（磨石）在器表磨错平整，形成隐嵌图案的视觉效果，生动活泼。比如这件铜牛灯上就以云气纹为地，夹有奇禽异兽，图形飘逸。

而当时边远之地的艺术，从某种意义上说，可能更加值得我们惊叹！因为它不比中原艺术的雍和端庄，更具有个性与爆发力。比如在汉代，牛被塑造得最为光彩四射的，当数滇国的牛形器物。

滇国畜牧业发达，家养的畜禽中牛的数量最多。滇牛品种为黄牛，有两种类型，大约可分作一种角上翘的牛，另一种角下垂的牛。

比如中国国家博物馆藏的两件实物，一件是云南江川李家山出土的西汉青铜枕。青铜枕是滇国特有的器物，在该古墓群中共发掘出土6件，这一件作马鞍形，枕面中间平整，两端上翘，如此两头连上中部的轮廓形成一个开口宽阔的"U"字形；两头顶端各焊铸一圆雕立牛，枕头的正面铸有双旋纹，背面则以双旋纹、虎纹为地，并排浮雕三头立牛，牛的上半身连带牛首凸出平面。在枕背面的三牛侧立，头垂下向右偏，犄角上顶，颈项上的肉峰突起，牛的倔强被刻画得栩栩如生。而在两端的牛则端立高处，目光前视，双角上翘，身躯微向后倾、重心朝后，长尾下垂，意态庄严（图4-12）。

另一件是云南省昆明市晋宁石寨山出土的西汉七牛虎耳青铜贮贝器。

图4-12 云南江川李家山出土青铜枕

四 外来牛怎么成了汉代的本土神

此贮贝器由器盖和器身组成，器盖呈上宽下窄的矮筒状，顶上铸七牛；器身作上窄下宽的长筒形，中束腰，腰部有一对虎形耳，底部有三足。两只猛虎凝神上望，开口露牙，身躯压低，缓步上前，正紧盯前方器盖上的猎物牛群，准备狩猎。而七牛身形健壮，颈项上皆有突出的肉峰，其中六头环绕于器盖边缘，相连前行，或犄角上扬或双角内卷朝下，或侧视或下望；独有一牛伫立中央圆台上，高出其余六牛的脊背，耸然鹤立，昂首仰天而鸣，双角硕大朝上卷翘，俨然为众牛之王，威武无双。在这里，每只动物都造型鲜活、形神兼备，更难得的是虎的狡诈诡谲与牛的威严庄重形成戏剧性效果，具有类似古希腊人物雕塑的艺术魅力，于静默的虚空中蕴含着一触即发的情感与力量（图4-13）。

在石寨山的墓葬中这类贮贝器较为常见。如石寨山10号西汉墓出土的青铜四牛鎏金骑士贮贝器，此器通高50厘米，盖径25厘米，现收藏于云南省博物馆。它的形制与上一件七牛虎耳青铜贮贝器极为相似，只是器盖顶上铸四牛围绕，中间塑一金人骑马像；器身腰部也有一对虎形耳，底部有三足（图4-14）。

图4-13 云南昆明石寨山出土七牛虎耳青铜贮贝器

图4-14 云南昆明石寨山出土青铜四牛鎏金骑士贮贝器

063

神话中的牛

古人造神往往取材于日常生活，这样就使得那些神灵也变得亲和起来。比如牛就是一种被神化的动物，它有哪些图像表现呢？

主要有两类神牛图像。第一类是牛首人身神，他常与鸡首人身神相组合，多见于山东、江苏徐州和陕北的画像石上。关于牛首神图像的定名，学界有多种观点，其中较有影响力的是认为他代表西王母，或者炎帝；相应的鸡首神则代表东王公，或者宝鸡神。而据陈根远、李淞先生的相关研究，汉代牛首、鸡首神图像的来源是鲁南、苏北，陕北包括晋西北皆受山东图像的影响[1]。在山东的此类图像中，这两类神多是作为西王母、东王公的侍者存在，因此我们认为画像石上的牛首、鸡首神，可能是主神的侍从。

比如陕西神木大保当出土一块门楣石，画面以夹带飞鸟的云气纹为地，从左右两端到中间的图像对称陈列，分别为带蟾蜍的月轮、带金乌的日轮、带翼牛首神、带翼鸡首神，直到正中央为一张牙舞爪的野熊（图4-15）。

更具代表性的是山西吕梁离石马茂庄二号墓前室东壁左、右侧画像石，两侧画像的两边皆为勾连卷云纹，中间一栏均分作上下两格，上格分别为西王母、东王公，下格分别为执符节的牛首神、鸡首神（图4-16）。

图4-15　陕西神木大保当出土门楣石

---

[1] 陈根远：《陕北东汉画像石初探》，山东大学历史系考古教研室编：《纪念山东大学考古专业创建20周年文集》，山东大学出版社，1992年，第388—396页。李淞：《从"永元模式"到"永和模式"——陕北汉代画像石中的西王母图像分期研究》，《考古与文物》2000年第5期。

图4-16　山西吕梁离石墓前室东壁左、右侧画像石

在这对图像组合上，牛首神作为西王母侍从的身份很明显。

第二种神牛形象是獬豸。獬豸是传说中公正执法的神兽，从汉晋时期起，它就被认为具有明辨是非善恶的能力，常出现在执法公堂或执法者的衣帽上。关于獬豸的原型，文献中有三种记载，分别是：羊、鹿和牛，其共同点是皆有一角，如《异物志》曰："东北荒中有兽名獬豸，一角，性忠，见人斗则触不直者，闻人论则咋不正者。"[①]

而图像资料中的獬豸大多是以牛作为原型，并且它主要是凭借鲜明的特色、特定的姿势来形成辨识度，因此与其拘泥于用某种动物形象，不如用姿态特征来作为判断獬豸形象的依据。图像上的它一般以低头俯身、头顶独角往前抵刺、背部高耸、四蹄触地偶有一两蹄翻跃、长尾扬起的姿态

---

① （汉）杨孚：《异物志》，广东科技出版社，2009年，第9—10页。

为其特征。陕北、河南南阳地区的画像石上常见獬豸图像，在组合形式上又各有特点：陕北的獬豸图像呈程式化，多成对出现，而南阳的则没有固定组合对象。

陕北画像石墓墓门有一程式，即石面从上往下依次刻朱雀、铺首和神兽图像，其中最下方的神兽多为青龙、白虎，也可能是獬豸。墓门为一对，于是左右图像相对称，形成组合，气势十足。米脂、神木、绥德等地多见这类画像石。如绥德杨孟元墓的左右门扉，画面正中各有一只铺首衔环图像，瞋目开口，头顶双耳竖立、中央竖一肉柱；铺首上方各有一朱雀，一足轻立于铺首头顶的肉柱上，一足抬起，昂首挺胸，展翅扬尾，富丽雍容；铺首下方则各有一獬豸，俯首前抵，长尾高扬，两蹄立地两蹄刨动，凶猛暴烈的气场与上方朱雀形成对照（图4-17）。

而南阳画像石上的獬豸虽也与猛兽相组合，但对象不固定。如南阳宛城军帐营出土一件墓门左门楣石，画面横向，从左往右依次为：獬豸与虎相斗、羽人戏二龙、方士，背景饰以缭绕的云气纹。其中虎后肢立地，上半身腾空，昂首怒吼，威吓面前的挑衅者；但对面的獬豸丝毫不为其所动，俯首耸背，身躯前倾，以其独角挑战王者，气吞如虎（图4-18）。

汉代獬豸还有圆雕的形式，也塑作低头、独角前刺的战时状态，相关资料多出土于甘肃地区，如张掖高台骆驼城墓群、武威磨嘴子汉墓等都出土过木獬豸。

又如一件出土于嘉峪关新城乡的青铜独角兽[①]，可以说是獬豸雕塑的精品。关于它的制作年代，有东汉和魏晋两说。此兽头首低垂，开口露齿，双耳竖立，头顶独角笔直向前冲刺、几乎与地面平行；颈背部一长条鬃毛飞扬，身躯饰有弯曲阳刻细线，代表毛发，背部凹下，前肢挺立、后肢略曲，尾巴宽而扁、高高扬起，整体造型极具动感（图4-19）。

[①] 甘肃省文物管理委员会：《酒泉下河清第1号墓和第18号墓发掘简报》，《文物》1959年第10期。

四　外来牛怎么成了汉代的本土神

图4-17　陕西绥德杨孟元墓左右门扉拓片

图4-18　河南南阳宛城出土墓门左门楣石拓片

图4-19 嘉峪关出土青铜独角兽

汉代牛的文化内涵

牛很普通,古人却对它有着浓厚的情感。因为它和古代农耕社会的运作息息相关,不仅供人以衣食、帮助人生产,它埋头苦干、忠诚勤勉的特点也受到人们的赞赏。人们还将它用于礼仪,赋予它精神信仰上的含义,以表示对它的敬畏之情。

四　外来牛怎么成了汉代的本土神

用牛、惜牛、敬牛，是靠天吃饭、顺应自然的古人的生活习惯，也是他们朴素而真挚的情感品质。

比如"太牢"之礼，这是源自先秦祭祀的最高规格礼仪，指备全牛、羊、猪三牲来作为祭品。后来偶尔也用于特别隆重的宴请场合。关于它，还有过脍炙人口的故事。

《史记·项羽本纪》载，楚汉相争时期，陈平为刘邦设计去除项羽的臂膀范增，故意安排在接待西楚使者时，装模作样地"为太牢具，举欲进之"，得知来者并非亚父范增而是项王派来的后，故意撤换了盛宴，代以低劣的食物，以此使骄傲的项羽生疑。古人极重礼，以礼规范等级与秩序，而牛作为大礼中的三牲之首，重要地位可想而知。

又比如汉家天子有赐"牛酒"的传统。顾名思义，"牛酒"即牛与酒。每逢皇帝大赦天下、登基或者祭天地等重大仪式或事件时，皇帝都会面向大臣乃至社会基层人民，赏赐食物，其中可能包括整头的牛，或者牛肉若干。这时牛不仅是单纯的食物，也代表政治上的殊荣，体现了帝制时期人民对于天下承平的愿望。

至于汉代人神化牛，可能源于对它超高实用性的认同，还有对其力量的崇拜。我们不难发现，以汉画中的牛首神、獬豸为代表，神牛相较于其他神兽，朴实无华得如同随处可见的黄土，并无传奇与浪漫可言。

它之所以能够在汉代庞大的神灵队伍中焕发出独特的光芒，一是因为它的体态展示出为中华民族所欣赏的健壮阳刚之美。汉画上的神牛，战斗时最具爆发力的那一瞬间被捕捉，描摹得活灵活现，仿佛天地之混沌元气就要破茧而出，那是华夏民族遥远而悠长的血脉在激荡。

二则是它所蕴含的文化内涵。它是含辛茹苦、脚踏实地的精神象征，又是阳刚勇猛、驱魔辟邪的正气代表，还是公正严明、威武决断的正义守护者。它的这些特质，体现出汉代人对于公平正直的心理诉求，而这一心理日渐凝结成民族性的一部分，成为优秀的文化传统，滋养着代代国人。

牛凭借它的力量与忠厚，成为人类最密不可分的伙伴，也成为我们民族悠远不断的精神图腾之一。

谁不向往生命中的轻盈与飞扬呢？然而山河岁月，人世百年，总有那么一些难以承受的渡口与关卡，是徘徊退缩，还是艰难前行？都是选择。而牛俯下首来默默承受、耐心耕耘，定要搏得春回大地的韧性，富于启示；危难关头，它又能偾张昂扬、迎难而上，充满感染力。

回首青山依如旧，几度夕阳红。在汉代牛那一俯首、一昂头的中间，不经意两千余年的时光悠悠而过，牛与中华民族的历史怦然相撞。

五

为什么平淡无奇的羊能够成为神兽

羊这一日常生活中常见的动物，很早就与人类关系密切，特别是进入农耕社会以后，它被人驯养，成为人类生存必需的一份子。并且，羊有时还会被赋予某种信仰风俗上的含义，成为人们表达愿望的象征物。

古人喜欢羊，将它列入十二生肖，甚至作为人某些性格命运的象征——属羊的人是和顺、宽厚、乐天知命的，即便辛劳困顿，但是也不急不躁，没有激烈愤懑的情绪，一切都如水般清澄明净。但平淡中有味道，简白中有绚烂，羊以它的生老病死为人类带来了某种鲜活且永久的哲思。它被艺术、神话、精神史所记录，成为人类创就精神文明源源不断的一个灵感之源。

我国古代艺术对羊作了准确而生动的描摹，既在现实生活场景中表现羊被牧养的充满烟火气的情态，也在神话仙境里将它刻画作神兽。那么，为何原本平平无奇的羊会成为神兽呢？当它作为神兽时，会有哪些图像表现与场景展示？从这些造型奇特的图像中，我们能够寻绎出古人怎样的观念与情思？他们有着什么程度的想象力、表现力和认识力呢？

从青铜羊到汉代艺术中的羊

商周青铜器上常见的兽首纹,就多以羊首为原型。

湖南宁乡出土的四羊青铜方尊是这类青铜器的代表。它是商后期(约公元前14世纪—前11世纪)的作品,高58.6厘米,边长52.4厘米,重34.5千克,乃现存商代青铜方尊之中体型最大的。此尊的造型雄奇而精妙,肩部、腹部与足部作为一体,上雕四只卷角的立羊。它们各踞铜尊四角一隅,双角从前方垂下向内卷,低眉垂首,下巴微微向前伸,四蹄挺立,庄静中突出动感。最为匠心独运的是,工匠巧妙运用错位、借位等手段,成功"蒙蔽"住观者视线,使其无论从四周哪个角度去欣赏,都会看到一只完整的羊:头、身、四蹄,一样不少,让人赞叹(图5-1)。此尊上的四羊体态雍和、意态庄严,带着让人顶礼膜拜的神灵光芒,诚非凡物。

在汉代艺术中,羊的造型更是纷繁多姿。

它既可以被塑作灯座,如河北满城刘胜墓出土的青铜羊灯。此灯设计为一只跪羊,双角向下卷,目光平视,神态祥和;曲颈,四蹄跪坐在地上;整个背部可以拆卸,拆开即可作为灯盏,可插在羊首后部,合拢就又是羊背(图5-2)。这种设计一举两得,使得羊灯既可作为照明灯,也可当作装饰品,节省了空间,集实用和美观于一体。

羊也常被雕作神道石兽,放置于墓园,如陕西兴平霍去病墓前的石羊雕塑。而刻画羊的作品中造型最丰富、数量最多的,还是画像石。

画像石上的神羊形形色色,它们有什么特征?为什么汉代人会把羊当作神物来崇拜,反映出他们什么样的信仰?哪些观念得以流传,影响到我们今天的认知?

图5-1　商代四羊青铜尊

打开图示　　　　　　　　　合拢图示

图5-2　河北满城刘胜墓出土青铜羊灯

五 为什么平淡无奇的羊能够成为神兽

汉代画像石上的神羊形象

刻有羊图像的画像石分布较广,其中带翼羊、仙人乘羊、羊首等几类图像明显具有神话色彩。我们就主要来看这三类图像。

(一)仙界中的翼羊图像

安徽宿州褚兰汉画像石墓M2石祠堂中,其东、西壁墙基石各自的南侧面上,皆刻有一只翼羊伏卧于树下(图5-3、图5-4)。画面上的树木线条分明,主枝分作上、下两层,每层主干上绽开一排扇形枝叶,形似合欢树。树下有一羊伏卧于地,羊首顶上双弯角向下卷,双耳竖立;其中东壁石上的羊下巴蓄有一绺长须飘拂于胸,西壁石上的羊则无胡须。两只羊的肩部皆长有一对羽翼,向上翘起;四肢跪伏在地上,脊背向下凹,臀部略抬,自背至臀部连成一条流畅曲线。两只翼羊体态安详、静若处子,与身后树木一同营造出自在闲适的氛围。

羊图像更为明显的神圣属性表现在它与云气纹、其他神兽等相组合时,周围环境与组合对象的神性共同暗示着羊所具有的非凡仙气。陕北画像石上的云气纹独具特色,它往往被描绘为一条长藤状,自左向右或自下而上蔓延并贯穿画面,藤状主干的侧旁再纷纷延伸出分枝一样的线条,枝头绽开花状云朵;在云气之间此起彼伏地出没着各式神禽异兽,整幅画面极其生动。

在一些陕北画像石的云气纹中,就刻有神羊图像。如一块绥德出土墓门楣画像石,画面分上下两层,上层为云气纹图像,下层为历史人物故事图像(图5-5)。在上层画面的左端,便刻有一只神羊,但见它昂首奔跃,头顶双角曲长向后,下巴胡须随风飘拂,四蹄腾空而起,在云间翻跃,富有动态感。加之整片云气纹中显现的其他神兽,特别是神羊前面内含金乌

075

图5-3 安徽宿州褚兰汉画像石墓M2石祠东壁墙基石南侧面拓片

图5-4 安徽宿州褚兰汉画像石墓M2石祠西壁墙基石南侧面拓片

图5-5 陕西绥德出土墓门楣画像石拓片

图5-6 陕西绥德出土墓门楣画像石拓片

的日轮、后面的双角神兽，也印证出羊的神性，它们相互共同组合成仙界图像，反映出汉代人对神仙世界的浪漫想象与无尽向往。

再如另一块绥德出土墓门楣画像石，构图大致呈左右对称（图5-6）。从左右两端向画面中央的图像依次为：日、月轮，鹤衔鱼，奔马及仙人乘鹿，正中央为一只神羊，背景依旧饰流线云纹。此羊于云端面向左方挺立，昂首挺胸，头顶独角后向卷曲，五官清晰；四蹄立地，尾巴下垂，姿态悠然而自得。两旁的鹤、马与鹿皆从左或右方朝向中央而来，使得画面的中心也就成为视线的聚焦点，神羊正好位于此点上，标志其为画面的主角。

（二）仙人乘羊图像

刻仙人或胡人乘羊图像的画像石也值得关注，这类画像石在鲁南、苏北、陕北等地都有所见。

如一块绥德出土墓门右立柱石，其上画面分作六格，按照从上往下、从左往右的顺序，图像依次为：两人并肩坐在华盖下，舞人与麋鹿，羽人、翼羊和羽人骑羊相组合，翼龙，鸡首人身神，以及翼虎（图5-7）。在那格刻有羽人骑羊的图像中，右上方刻一侧立羽人，羽翼飘然，正面向画面左上方的一只翼羊；画面下方则刻一羽人骑在羊背上，羽人的双臂高举、双翼上扬，羊的独角向前曲伸、角尖向上卷，体态矫健。

李发林先生曾总结骑羊图像的画像石，认为其在山东常见，如在邹县下黄路屯村，济宁城南张村、嘉祥，临沂白庄等地都有发现；当这类图像与神兽仙人等相组合时，其含义应与神灵相关。

汉代青铜摇钱树的陶座上，也往往塑有仙人乘羊图像。青铜摇钱树是汉墓中的一种明器，主要分布于今四川、重庆、云南、贵州、陕西汉中，乃至甘肃武威、甘谷，宁夏固原，青海大通、乐都（属海东市）等地区，也有流失到海外的；其流行时段可从东汉早期持续至魏晋南北朝时期，寓意为墓主人提供财富、保护其升仙以及保佑其子孙繁荣昌盛。钱树树座多为陶质，塑

图5-7 陕西绥德出土墓门右立柱石拓片及其局部

有仙人、神兽等仙界形象,或狩猎、庖厨、乐舞图等人间画面。

如南京博物院藏一件东汉人骑翼羊陶插座,由泥质红陶雕刻,上小下大,呈覆钟状,上部圆雕一人骑在一只翼羊身上,怀抱着圆柱插座;下部则浮雕长满铜钱的钱树,树下有几个人在收获、挑担;最底层浮雕神龙等图像(图5-8)。

又如加拿大皇家安大略博物馆也收藏有两件类似的刻羽人乘羊的陶质树座,其形制相仿:泥质红陶,上小下大,呈覆钟状,上部圆雕一羽人骑在一翼羊身上,羽人怀抱圆柱插座,大耳、面带微笑、肩生双翼,半裸、穿着半身裙;翼羊带角、长须,翘尾挺立,腹下还有一只小羊在吮吸奶汁。

(三)羊首图像

山东还有一种刻羊首图像的画像石,也与神话题材相关。这类图像多

五 为什么平淡无奇的羊能够成为神兽

图5-8 南京博物院藏东汉人骑翼羊陶插座

见于门楣画像石上，多为一个羊首居中，也有两个或三个羊首在画面上左右平均分布的，周围夹带着其他造型各异的神兽。

如济南市长清区人柿园东汉画像石墓墓门横额石的正面（图5-9），居中高浮雕一正面羊首，头顶硕大的双角分别于左右侧向下翻卷、造型优美，羊面部五官清晰、神态安详；其两侧分别为青龙、白虎。青龙在东侧，昂首向前，龙首前后各有一仙人，龙爪前还有一飞鸟；白虎在西侧，回首后望，一仙人乘坐于白虎身上、手持虎尾，白虎后刻一飞鸟，画面背景装饰着云气纹。这种与仙人神兽相组合的羊首，也应与神仙世界有着密切联系。

羊首除了出现在画像石上，还可能被雕刻在金属饰物上。在金属上刻动物图像，多为北方草原艺术品的风格，中原艺术早在春秋战国时期就已受其影响，羊首纹金饰即其产物。

如江苏徐州狮子山楚王陵出土金羊首饰件，宽4厘米，高3.8厘米，雕一正面羊首形象，双角也自头顶向左右两方垂下、角尖卷翘，尽显雍容之

图5-9　济南市长清区大柿园东汉画像石墓墓门横额石

气派（图5-10）。也有的金饰件上并列雕刻双羊首，如广州西汉南越王墓出土8件羊首纹金饰片，它们原为缀在南越王丝巾面罩上的装饰品。每件金片上各雕有两个相背的侧面羊首，每个羊首显示一个尖角，也自上垂下、角尖卷翘（图5-11）。

又如斯基泰文化中的一件双羊铜器，上塑双羊首，头顶双角长而向后弯曲；颈项以下各伸出一扇羽翼，分别向左右展开，羽翼由数条长条形羽毛组成，翼尖向上微卷，线条简洁而明快，造型刚健、充满力度，又因流畅的弧线而被赋予了柔韧与弹性（图5-12）。

神羊诞生的现实条件

羊在汉代作为神兽，其形象被刻画在形形色色的器物上，如画像石、画像砖、陶质明器、金饰、铜器等。图像的分布地区基本覆盖汉代帝国的领域，流行时段也贯穿了两汉。

神话动物的造型取材于现实生活，其手段往往是在现实动物形象的基础上加以想象性元素、赋予其神力，能被化用的现实动物身上往往具备可被神

图5-10　江苏徐州狮子山楚王陵出土金羊首饰件

图5-11　广州南越王墓出土羊首纹金饰片

图5-12　斯基泰文化双羊铜器

圣化的因素。这些因素，可以是外型上的出尘奇特，也可以是精神内涵上的契合。就羊来说，它之所以能够成为神兽，且其图像能如此流行，既与现实的生活生产条件紧密相关，也离不开当时人对羊的主观认识与想象。

透过神羊这一图像，我们能够贴近汉代社会的现实，也能够了解当时人们的造神逻辑。

羊在体貌上具有丰满、绵柔的特征，给人以安详、和美、端庄之感。《说文·羊部》："美，甘也。从羊从大。羊在六畜主给膳也。美与善同意。"徐铉注曰："羊大则美，故从大。"[1]另外，羊的肉鲜美，经驯化，它还能承担一定程度的重力，可用作出行或农作的工具，这些特性都有益于人类生存，所以人们将之驯养以改善生活条件。

在先秦时期，羊就已被用于祭祀和日常生活，汉代延续了这些风俗。羊常被描绘在画像石上的庖厨、狩猎、车骑，甚至乐舞中的建鼓图像中，还有一类专门表现牧羊的图像，更是栩栩如生地描摹了汉代养殖羊群的情境，这类画像石在山东、陕西绥德多见，应是当地畜牧业与经济发达的写照。

如陕西榆林横山孙家园子墓墓室门楣石的图像，充满生活情趣（图5-13）。画面自左向右刻有牧牛、牧羊及相马图。其中牧羊图中，左侧有一羊站立，后蹲一人俯首挤奶。右侧立一人，面向一群朝他奔跃而来的羊，羊的姿态各异，或前蹄顿地、后蹄扬起，显示其急速奔跑的动态；或四肢立地缓步向前。格外有趣的是面对牧羊人的一只大羊，它低头埋首于胸前，弓起身子凸出后背，臀部的重心向后，四肢立地但皆向后倾，在它的后背上挺立一只小羊，应是子母羊图像。大羊如此奋力托起的情态，与其背上小羊的天真烂漫形成对比，可能正突显出大羊对小羊的爱护之意。画面形象反映出当时社会家畜业的繁荣。

而其他器物，如陶质房屋、羊圈等模型上也有此图像。美国纳尔逊艺术博物馆藏一件釉陶羊圈，施深绿釉，露天，平面为长方形，四面为矮

---

[1]（汉）许慎撰、（宋）徐铉等校：《说文解字》，上海古籍出版社，2007年，第175页。

图5-13　陕西榆林横山孙家园子墓墓室门楣石拓片局部

墙,前部正中开一长方形门。圈内立有四只小羊俑,右侧有一人俑骑在一只大羊俑上,应为牧羊人。这件釉陶器可能出土于河南三门峡地区的东汉墓中,也是当时农业经济的写照。

神羊与儒家礼教的契合点

羊天性温厚、富有忍耐力,这一特性被汉代人准确捕捉并加以演绎,进一步赋予羊孝顺忠厚的品格,以印证儒家所宣扬的美德。

《春秋繁露·执贽》曰:"羔有角而不任,设备而不用,类好仁者。执之不鸣,杀之不谛,类死义者。羔食于其母,必跪而受之,类知礼者。故羊之为言犹祥与,故卿以为贽。"[1]儒者认为羊具备仁、义、礼等美德,有利角却不伤人,怀仁者之心;被伤害却默默忍受,操义士之节;而羊羔跪奶,则体现出它知礼孝顺的品质,故人们将之视作吉祥物。

汉画中多见母羊哺乳的图像,被描摹得温情脉脉。广东省博物馆藏一件佛山大松岗出土的东汉陶羊,胎质为红陶,高13厘米、长17厘米、宽10

---

[1]（汉）董仲舒撰、曾振宇注说:《春秋繁露》,河南大学出版社,2009年,第348页。

厘米（图5-14）。一只母羊跪伏在地，头向右转，目光下垂，慈爱地注视着依偎在怀里的两只稚嫩娇憨小羊。小羊一前一后紧贴着母羊，一只垂直攀爬在母亲的肩部，四肢紧扣母亲的身躯，脑袋歪向一边，面庞凑至母亲的嘴唇，似在与母亲絮语；另一只则挤在母亲的腹部，头部前伸，嘴唇前努，四肢立地，小尾上翘，似在开心地吮吸奶汁。这件陶塑格外传神地摹刻出舔犊情深的情形。

四川出土汉代青铜摇钱树的树座上，有塑仙人骑羊图像的，其中有一些大羊的下方也刻有一只或两只吮吸奶汁的小羊。周克林先生做过相关统计，这类资料包括成都市新都区互助村M4汉墓出土的陶树座、绵阳涪城区石塘乡（现为石塘街道）汉墓出土的陶树座[1]。

古人又有穿羊裘的传统，它除了保暖，更多的功能在于礼仪之需。东汉蔡邕《月令章句》言"祀天则大裘"，是说最庄重的祭祀典礼——祭天，是要穿用黑羔皮制作的"大裘"的。古代礼制并非空洞无实的口号，而是落实在衣食住行的规格上。敬天需要庄敬虔诚，也说明古人对羊的推崇，才可能借它来制定某些礼仪规则。

图5-14　广东省博物馆藏东汉陶羊

[1] 周克林：《东汉六朝钱树研究》，巴蜀书社，2012年，第264—266页。

因此，羊本是随处可见的寻常动物，人们因为它既能够满足一些日常生活所需，又因其丰美温顺、朴素绵柔的特质契合了自身的审美心理与精神需求，从而在对其产生好感的基础上，将之想象作可依赖的神兽，寄托着人类的情感信仰。

神羊体现了哪些神话想象与愿景？

（一）求吉观念

《列仙传·修羊公》记述战国时代魏国人修羊公化作神羊的神奇事迹："语未讫，床上化为白羊，题其胁曰：'修羊公谢天子。'后置石羊于灵台上。羊后复去，不知所在。"[1]羊与仙人之间似乎存在某种特别的联系，之所以如此，可能与当时羊代表吉祥的观念有关。

《说文·羊部》："羊，祥也。"《释名·释车》云："羊，祥也；祥，善也。"注曰："汉碑每以吉羊为吉祥。"[2]汉元嘉刀铭文载："宜侯王，大吉羊。"汉代的铜镜、瓦当等器物中亦多有"大吉羊"的刻铭，当时人常以"大吉羊"一词来表达"大吉祥"之义。

江苏邳州东汉彭城相缪宇墓后室东壁南侧的画像石，画面分上下四格，从上往下的第一、二格刻人物图像，第三、四格刻瑞兽图像。其中第三格画面的左侧为一羊，左向而立，双角卷曲，神态祥和，长有胡须，羊背上栖有一鸟，回首后顾，羊前方榜题为"福德羊"三字；右侧为一鹿形带蹄神兽，头顶竖一带肉独角，傲然挺立，长尾垂下，此神兽的榜题为"骐骥"（参见

---

[1] 滕修展等注译：《列仙传神仙传注译》，百花文艺出版社，1996年，第79页。
[2]（清）王先谦撰集：《释名疏证补》，上海古籍出版社，1984年，第360页。

图3-8）。从榜题和相组合的麒麟兽可知，羊也被赋予了保佑人有福气、德望等美好愿景的特质。

（二）驱魔辟邪

羊可能有驱邪的寓意。"羊"通"阳"，在道家学说中有否去泰来之义。《史记·孔子世家》记载孔子向师襄子学琴的阶段，当他到达能够通过琴声理解《文王操》中文王"眼如望羊"的神态时，师襄子祝贺他琴艺已成。裴骃《史记集解》引王肃的解释，曰："望羊，望羊视也。"《释名·释姿容》曰："望羊：羊，阳也，言阳气在上，举头高，似若望之然也。"注引毕沅言曰："古'羊''阳'字通。"[①]

我们今天调侃说"挂羊头，卖狗肉"，可在汉魏晋人那里，他们却普遍相信门上悬挂羊首，能起到压胜之用。《太平御览》兽部引裴玄《新言》曰："正朝县官杀羊悬其头于门，又磔鸡以副之，俗说以厌厉气。""初年悬羊头、磔鸡羊以求富。""《杂五行书》曰，悬羊头门上，除盗贼。"也见于《荆楚岁时记》。[②]前述山东多见刻羊首图像的画像石，其含义得到文献记载的印证。

更直接的图像证据如河南洛阳烧沟61号壁画墓墓门内的门额上，竖有一块长方形空心砖，砖上彩绘着壁画（图5-15）。画面中上部绘一只正面羊首，双角在左右两侧向下钩卷，上以浓墨绘角的环节；羊双耳竖立，双目圆睁，嘴向前伸。羊首旁绘一株树，树顶栖息几只飞鸟，下方的树枝上搭有一件红衣；羊首正下方则有一只红白彩绘的凶猛翼虎，正俯身按住一名裸身女鬼咬噬。这幅画面将羊首与虎噬鬼魅图像组合在一起，羊首可能也带有驱魔的含义。

与之类似的有现藏于美国波士顿美术馆，据说出土于洛阳八里台的壁

[①]（清）王先谦撰集：《释名疏证补》，上海古籍出版社，1984年，第140页。
[②] 转引自刘敦愿：《古俗说鹿》，《民俗研究》1986年第2期。

五　为什么平淡无奇的羊能够成为神兽

图5-15　河南洛阳烧沟61号壁画墓墓门门额壁画摹本局部（王绣摹绘）

画。画面分作上下两部分，上方居中绘一正面羊首，其形制与洛阳烧沟61号汉墓中的如出一辙，羊首的左右两侧绘傩仪图。画面下方则绘一列人物图像。在此幅壁画中的羊首也是与反映驱魔辟邪的图像相组合。

（三）协助升仙

羊可能被视作帮助墓主人升仙的工具，此时羊往往以仙人坐骑的身份出现。《列仙传》载："葛由者，羌人也。周成王时，好刻木羊卖之。一旦骑羊而入西蜀，蜀中王侯贵人追之上绥山。绥山在峨嵋山西南，高无极也，随之者不复还，皆得仙道。"[1]前述画像石、摇钱树座上的相关图像，与文献

---

[1] 滕修展等注译：《列仙传神仙传注译》，百花文艺出版社，1996年，第48页。

互相印证，证明乘羊可能带有成仙的含义，羊是作为一种升仙工具。

骑羊图像在汉代有现实基础。王子今先生讨论过汉代儿童的各种游艺项目，其中一项名"挽满"，为一种习射游戏。《史记·匈奴列传》载匈奴"儿能骑羊，引弓射鸟鼠；少长则射狐兔，用为食。士力能毋弓，尽为甲骑"。匈奴儿童骑羊射猎物用以食，反映出游戏与生产、生活的密切关联。河南洛阳、偃师都出土过作拉弓引射状的骑羊石俑，江苏徐州汉画像石艺术馆则藏有体量较大的持管状乐器的骑羊俑圆雕石刻。这些文献及实物资料都反映出骑羊在现实生活中的普及，并不仅限于牧羊人的活动。而当这类图像被运用到墓葬中，特别是明显反映出其不凡、与仙界相通的特质时，可能便带有乘羊升仙的神奇寓意。

羊这种现实生活中再普通不过的动物，却被汉代人赋予了如此绮丽的想象，投射了诸多美好的情感，反映出汉代人与自然世界的和谐关系。只有对身边的事物抱有好奇、亲近的情感心理，才可能如此活灵活现地摹刻出动物各式各样的动态，并且能够带着善意去理解它们，甚至借它们来承载自己心中的神圣意义，希翼双方能在属灵世界里达到某种程度的共情。

汉代人将羊从祭祀品、日常食物，逐渐转化为代表和善、孝顺、宽容等一系列美德的象征物，并进一步神化为引领升仙的神兽。那些远逝的风土人情与瑰丽想象，原本已经飘落在岁月深处的波影中，难以重现，但流传下来的神羊形状的器物与图像，却凝固保存了曾经的文明与感觉。这些艺术品使我们得以在将近两千年后，重新贴近汉代人的音容笑貌。

徘徊顾盼，相与延恋而不忍去。先民们曾经鲜活的爱欲与呼吸，就这样融入一幅幅图像当中，融入民族的记忆，为一代代人所继承下去。

六

群雄为何要"逐鹿"

<big>**鹿**</big>的头角峥嵘，双目圆大有神，体态轻盈，性格温顺而敏感，动静皆宜。它也颇具生产、生活价值，是中外文明共同喜爱的对象。

一句流传数千年的"呦呦鹿鸣，食野之苹"，将鹿这一灵动身影载入史册。它自山林间走出，走进人类的世界，在诗歌词赋里驻足，伴随着沉郁悠远的钟鼓之音，引荡着古老江河波流涌动。关于历史的浩渺之思应之而起，犹如一波未平一波迭起般绵延不绝，在人心头流淌与浸润，永不停歇。

鹿在人类历史中起到过怎样的作用？在艺术中它有哪些形象？它曾有过什么样精彩的传说故事？让我们从中外早期艺术中的鹿形象开始，启动这一趟美的旅程。

中外早期艺术中鹿的形象

早在一万余年前法国拉斯科洞窟的壁画上，就描摹过人类狩猎鹿群的场景。又比如一件公元前2—3世纪帕提亚时期伊朗的鹿纹银杯，在银杯内底部塑有一只半蜷的牡鹿（图6-1）。

鹿在我国被记录的历史同样源远流长。刘敦愿先生曾细致梳理过古代鹿的相关文献及图像资料，最早的鹿纹见于西安半坡遗址仰韶文化的彩陶上，可能只具写实功能；商代甲骨文中的"鹿"乃象形字，极富视觉效果，几乎就是对一只只小鹿的生动临摹（图6-2）；在商周青铜器和西周玉器上，也不乏鹿的图像，它可能与图腾崇拜相关。

到了秦汉，鹿的图像题材变得丰富，既有对先秦图像的延续，也有所创新。图像大致可分作两类：一类是对现实生活场景中鹿的描绘，这类图

六 群雄为何要"逐鹿"

图6-1 平山郁夫丝绸之路美术馆藏鹿纹银杯及内部杯底的图案

图6-2 甲骨文中的"鹿"

像将鹿的习性与姿态捕捉得极为准确,体现出汉人观察的细致和情感上对其的亲近;另一类图像则将鹿进行神化,尽显汉代人想象的意出尘外。

那么现实生活中的鹿是什么样?神话故事中的鹿又有哪些出色的图像表现呢?

狩猎图像中的鹿

早在先秦，人们已经意识到鹿的实用价值：其肉可食，其骨角可制作劳动生产工具，其皮可制衣以保暖，总之可利用它来改善生活水准。因此先秦文献中多有关于猎鹿的记载，汉代延续了这一习俗，在文献和图像中都有所反映。

狩猎图是汉代非常普遍的装饰题材，画像石、画像砖、博山炉、铜车饰、摇钱树座等器物上往往以此为饰。在汉代人所捕猎的动物中，多可见到鹿的身影。

较有代表性的如河北定县（今定州市）122号汉墓出土的2件金银错铜车饰，呈竹管状，中空，表面自上而下有三条等分凸起的轮节，将铜管等分作四段，每段以金银错技术饰以狩猎图像。构图大同小异，画面主体为夹杂着各式动物、骑象或骆驼的人、骑射者、山峦、花草的缭绕云气纹，其中就有数只山鹿。工匠生动描摹了鹿的各种形态，它们有的为猎犬所追，昂首扬蹄，奋力前奔，氛围紧张；有的牝牡相随，雄鹿在前驻足回首、目光下垂注视着雌鹿，雌鹿在后一边缓步跟随一边回首向上望，气氛旖旎；有的凝神前望，亭亭而立；还有的成双并肩而跃，轻快流畅（图6-3）。鹿性喜群居，汉画中多有对子母鹿的描摹，这类图像为王子今先生所关注。

画像石、画像砖上的相关图像也很多，画像砖以河南洛阳西汉晚期的为代表。如一块洛阳画像砖，其上下方各饰以几何状花纹带，主体画面横向展开，从左往右依次为：一名梳单髻的猎手身着短襦与短合裆裤，单膝跪地，侧身回首，左手持弓，右手扣箭上弓拉开弓弦，聚神瞄准前方的一对奔鹿；奔鹿一牝一牡，皆腾于半空，并肩向前，其中雄鹿扬首、四肢腾起向里弯曲，正是对蹄类动物奔跑时四肢一收一放时"收"那一瞬间的描摹，与之相对照的是雌鹿则回首惊恐望向猎人、四肢向外"放"的那一刹

六 群雄为何要"逐鹿"

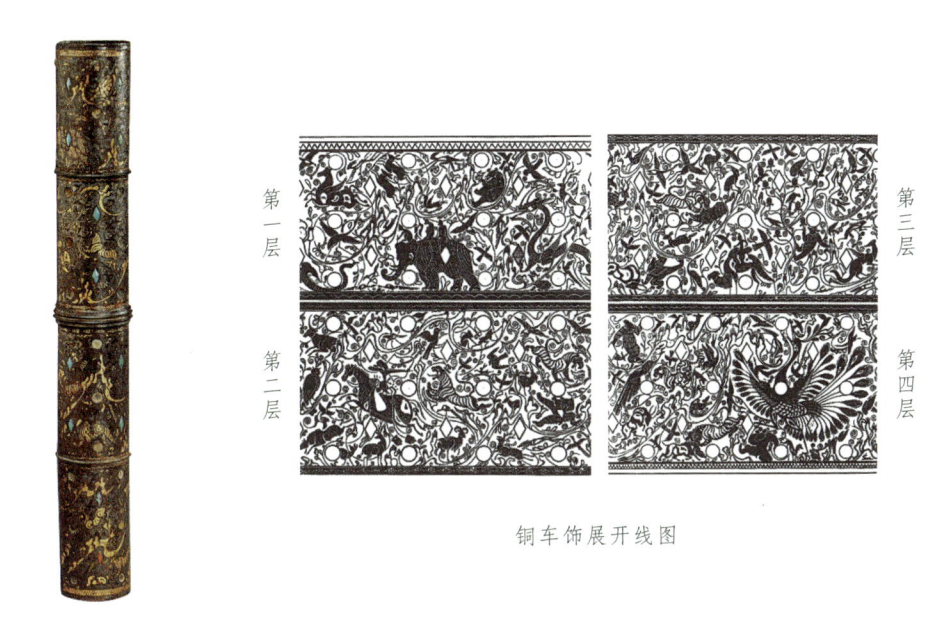

第一层
第二层
第三层
第四层

铜车饰展开线图

图6-3 河北定县122号汉墓出土金银错铜车饰

那的再现;两鹿的前方有一只立鹤,仰头曲颈,双翼收敛,一足立地,一足抬起鸟爪微蜷;画面最右端为一匹奔马,左向而来,昂首嘶鸣,右前蹄扬起,其余三蹄立地,似为其奔跑后停顿下来的那一片刻形态(图6-4)。

鹿形镇

现实中的鹿不仅被刻画在狩猎图里,还有一种鹿形镇同样活灵活现。

《楚辞·九歌·湘夫人》云:"白玉兮为镇,疏石兰兮为芳。"蒋骥注:"镇,压席者。"[1]椅子被发明之前,秦汉时人习惯席地而坐,所铺

---

[1] (战国)屈原撰,(清)蒋骥注:《山带阁注楚辞》,清雍正五年蒋氏山带阁刻本,第127页。

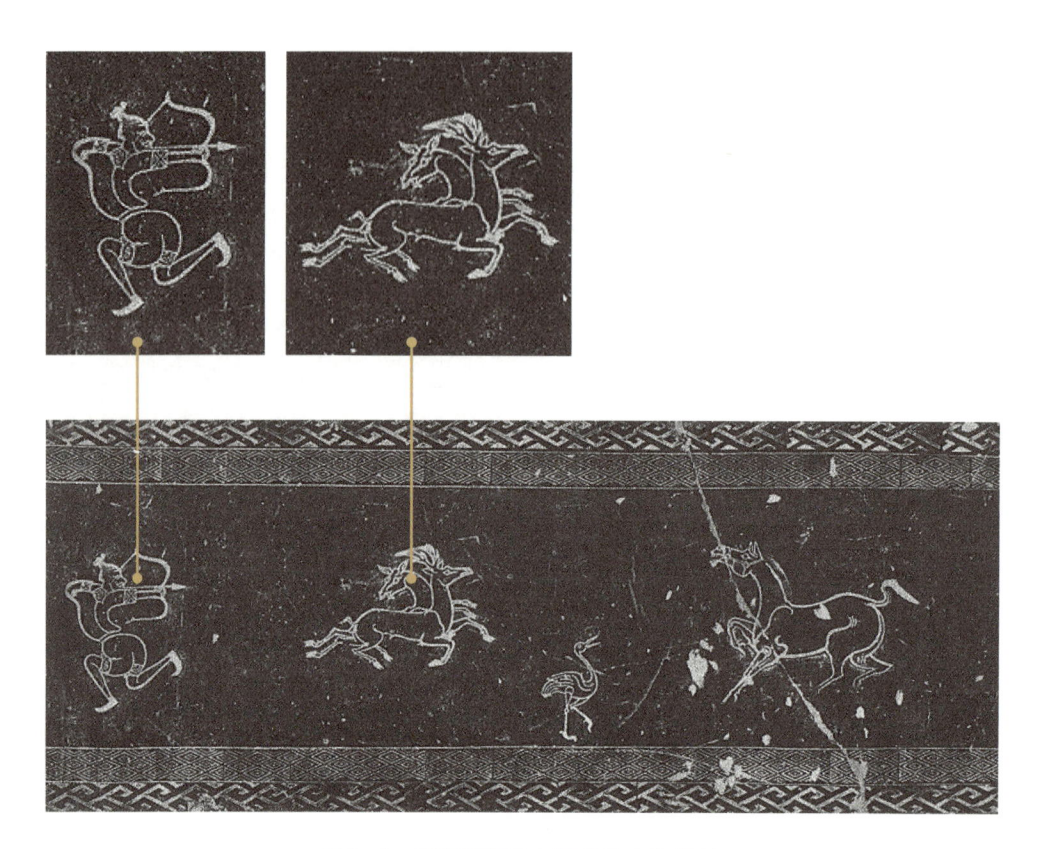

图6-4 河南洛阳出土画像空心砖拓片

的坐席四角通常搁置镇,便于起坐而不会折卷席角。席镇一般由铜、铁、玉、石等制成,所见鹿形镇多为铜质,鹿后背多嵌有海贝,它们在陕县、三门峡、大连、徐州、巢湖等地都有发现。

如一件河南省三门峡市陕州区出土的、现藏于国家博物馆的嵌贝鹿形青铜镇,鹿为雌鹿,双耳向左右平伸,目光宁和,头部向左侧轻轻旋转,颈项曲线优美简洁;上半身挺立,在前胸及体后部皆刻有几条卷云纹状曲线,可能示其毛发或者云气;四肢伏卧、前肢屈膝,小蹄离地微微向上翘起,于细处显其轻俏活泼的气质;后背则作椭圆形盘状,盘内嵌海贝。整只鹿造型高雅,在无声处默默传情(图6-5)。

图6-5　中国国家博物馆藏嵌贝鹿形青铜镇

神话图像中的鹿

那么神话中的鹿有哪些特别的形象呢？我们以最具代表性的汉代图像为例。汉代艺术中有许多被赋予了神性的鹿，典型的图示可大致分作三类。

（一）别致的鹿首图像

第一类是鹿首图像，这在画像砖上常见。一些海外博物馆馆藏一类浮雕鹿首的西汉画像空心砖，如美国纳尔逊艺术博物馆、法国赛努奇亚洲艺术博物馆、加拿大皇家安大略博物馆等，孙机先生已做过相关研究。

纳尔逊艺术博物馆所藏的这一件为长方体，灰色陶质。其顶部为坡状屋檐，砖的左右两侧边缘模印几何纹装饰带。砖面主体浮雕一正面牡鹿首像，双耳斜伸，头顶双角上扬，两支鹿角各如一挂树枝，形状丰美、铿锵昂然。鹿角上部有两行长方形格，格内分别模印武士骑马、车马出行、钱纹等浅浮雕画面；鹿首下部两行则分别模印铺首纹、树纹、走兽纹等浅浮雕画面，最底端一行走兽纹残损严重。

这种砖雕鹿首虽然风格写实，但其含义并非单纯纪实，而具有神圣的象征功能，可能与之前我们所谈论的汉画像上的羊首功能近似。

（二）仙境组合中的鹿

第二类是置身于仙境，与仙人、神兽相组合的鹿图像。

如山东临沂吴白庄汉墓前室北壁西立柱东面，其画面自上而下分作四层，第三层为三名羽人围绕着一只卧鹿的图像：一只牡鹿左向伏卧于地，双角赫赫；一名羽人立于它的前方，头戴尖顶帽，深目高鼻，右手轻抚鹿颈；另两名羽人分别在鹿的右侧及后方，举手环绕（图6-6）。

鹿也常常作为仙人的坐骑，他们共同出现在仙界中，鹿自然就被赋予了神性。如陕西绥德出土的一块墓门楣石，画面大致呈左右对称的形式。从左右两端向中央的图像依次为：日、月轮，鹤衔鱼，奔马，仙人乘鹿，正中央左向立一只神羊，背景饰流线云纹。仙人乘鹿图像有两例，一左一右向中央而去。两鹿皆为牡鹿，鹿角华美，向后拢作两束并向上方微扬，曲颈昂首，前蹄落地、后蹄翻起，正是奔跃之姿；身上各坐有一羽人，他们脑后垂一绺发辫或是毛羽，举手牵引着神鹿，一人肩后羽翼飞扬（图6-7）。

四川成都新都出土一块画像砖，长44厘米，宽25厘米，砖面刻一神鹿驮一名戴冠、着长袍的人。神鹿头角高耸而华美，昂首挺胸，体丰而矫健，四蹄正翻飞奔跃；鹿面前有一仙女正在迎接，仙女端立，梳高髻，着宽袖长裙，飘带翩跹，左手举一物仿佛正在饲弄神鹿，右手持一枝灵芝。整幅画面可能反映了墓主人的灵魂乘神鹿升仙的想象场景（图6-8）。

又有一种鹿拉仙车的图像，见于南阳、徐州等地的画像石上。如南阳魏公桥汉墓出土一块画像石，即刻有鹿拉仙车图。画面上两头雄鹿身挽缰绳，牵引着云气仙车，两鹿头角丰硕、头向上昂、身躯腾空、四蹄奔跃成

六 群雄为何要"逐鹿"

图6-6 山东临沂吴白庄汉墓前室北壁西立柱东面画像

图6-7 陕西绥德出土墓门楣石拓片

图6-8 四川成都新都出土画像砖拓片

一条平行线，尽显其身形轻盈又仙幻奇妙的气质；车上乘二人，一为御者在前扬鞭牵绳、驾驭鹿车，一为尊者端立其后、手持幡旗。鹿车后，紧随两名羽人和另一只神鹿，其中一名羽人手持灵芝。整幅画面背景饰以流云纹，衬托出鹿车在腾云驾雾时的动感（图6-9）。

陕北有一类神鹿与神羊相组合的画像石，形象地展示了各自的神奇属性。如绥德延家岔墓前室西壁的左右组合画像石，这对画像石的形制相似，每块石头的左右两侧各有一栏勾连卷云纹纹饰，中央主体画面各以一只神鹿或神羊作为主角，背景饰以蔓草卷云纹，中间点缀着各式小神兽，或带翼或长角，或奔腾或跳跃，或伫立或咆哮，生气勃勃，流云无羁（图6-10、6-11）。

其中位于右侧的画像石正中间刻一神羊，它侧立向左，头首微昂，头顶一对盘角分别向左右弯曲垂下、角上各有三个节，双目圆睁，下巴一缕胡须轻拂；前后的右蹄高抬起，前后的左蹄立地支撑，短尾上翘，气势尊严。位于左侧的画像石正中间则刻一神鹿，它侧立向右，也昂首挺胸，圆目突出，头顶一对长角向后平伸，角的枝节繁茂、尾尖上翘，状若两枝璎珞；肩生双翼，短尾翘起，四肢跓地，姿态矜贵。神羊、神鹿一右一左相向而对，装饰着墓室一面墙门，连同着它们身后的漫漫云气与跃动神兽，共同构筑出一个光华流转、神韵炫然的神灵世界，镇守着墓室，引导着亡灵通往那个浪漫祥和的仙界。

图6-9　河南南阳魏公桥汉墓出土画像石拓片

六　群雄为何要"逐鹿"

图6-10、6-11　绥德延家岔墓前室西壁左、右画像石拓片

（三）造型奇幻的鹿

第三类则是鹿本身外形上带有神话元素，如鹿的头顶长独角，或者鹿长有双首。其中独角鹿可能为麒麟。麒麟自古以来便是象征吉祥的神兽，有许多关于它的著名故事。比如《史记·孔子世家》载，鲁哀公十四年（公元前481年）春，西狩时获一异兽，却无人认识，直到孔子才辨识出它便是传说中的麟，孔子又哀叹神兽被射死，必不祥，预料到自己命不久矣，且他所坚守一生的"道"将陷入穷途末路的境地。

当时人对待麒麟的态度非常敬畏严肃，所以失之则忧得之则喜。如《汉书·武帝纪》记载元狩元年（公元前122年）冬十月，武帝在雍地祭祀五帝时有白麟降临，特为此作白麟之歌，颜师古注曰："麟，麇身，牛尾，马足，黄色，圆蹄，一角，角端有肉。"明确将麒麟与麇鹿的外形特征相联系。

文献记载中对麒麟形象的描述如此，而在图像中则有更为具象的反映。汉画像石、画像砖上多有鹿形麒麟图像，如四川绵阳出土一块长方形

099

画像砖，砖的正面为麒麟与鹿相组合的图像，背面则为几何纹。在砖的正面，麒麟和鹿一左一右相对而立，其中麒麟面向右方昂首挺立，头顶双耳斜立，中央一角向后伸去，长颈微仰，长须尾垂在身后，四肢立地，安宁沉静；鹿则面向左方呈奔跑之姿，昂首曲颈，头顶三叉双角向后微扬，短尾上翘，右前蹄扬起，另外三蹄触地或摩挲或借力欲弹，仿佛都能感觉到其奔跑时周围所卷起的小小旋风。这对神兽中间立有一块玉璧，寓意吉祥；周围点缀着树木与瑞草（图6-12）。

双首鹿是指一身双头、头颈皆长于肩部以上的鹿，这类图像多见于陕西地区画像石上。

图6-12　四川绵阳出土画像砖拓片

图6-13　陕西榆林子洲苗家坪墓出土画像石拓片

如陕西榆林子洲苗家坪墓所出左立柱画像石较为典型，其上神鹿共计三只，整幅画面从上往下分作四层，上面三层再隔成左右两格，因此石上总共有七格图像，按照从左往右、从上往下的顺序，分别为：玉兔捣药和羽人的组合、仙人六博与神鹿伫立的组合、龙虎组合、双首鹿与卧鹿的组合、鹤与兽组合、神鸟与犬的组合以及牛车图像。其中第二格有云状座台，顶端为两名仙人在六博，其下有一只牡鹿立于云端；第四格一上一下分别有一只双首鹿在奔跃，一只牡鹿伏卧于地。双首鹿肩生两条长颈，颈端各生一头颅，头顶独角，造型奇特；长尾翘起，前蹄顿地、重心在前，后蹄扬起，正是跃动的姿态（图6-13）。

江苏盱眙大云山汉墓出土一件鎏金青铜鹿灯，现收藏于南京博物院，它通高45厘米，灯盘直径22.2厘米、深2.1厘米。鹿灯的工艺精湛、造型雅致，灯座为一只鹿的形象，但见此鹿四肢微屈、整个身躯向下压，尾巴低垂；可它的颈项却竭力向上伸，头颅高昂，以至头顶树枝状双角微向下拢；鹿嘴处衔有一枝线条玲珑的灵芝，又像是口吐的一缕袅袅云烟，其顶端处托着一个圆形灯盘（图6-14）。此鹿也为神鹿的形象。

图6-14 江苏盱眙大云山汉墓出土鎏金青铜鹿灯

鹿的文化含义与神话寓意

如前所述，鹿具有极高的实用价值，其皮、肉、骨、角皆为人所用，而汉代人于其实用价值之外，还赋予了其政治文化含义与神话寓意。

为什么与世无争的鹿会与古代的政治文化发生关联？在它身上又有什么样的神话传说呢？

这些形而上的观念，是自鹿本身天然的属性上引申出来的，不仅体现出汉代人独特的思想精神魅力，也影响到后代人对鹿的认识。我们可从三个角度来理解。

（一）寓示兴亡的苑囿之鹿

古代王都大多筑有苑囿，并从中圈围出广大面积的禁猎区域。可能因其赏心悦目的观赏价值和易繁殖驯养的生理特征，鹿是苑囿动物中常见的一种。如《汉书·食货志》载："是时禁苑有白鹿而少府多银、锡。"司马相如《封禅文》曰："然后囿驺虞之珍群,徼麋鹿之怪兽。"宫廷楼阁、皇家苑囿，往往是最适宜人们凭吊古人、追论兴亡的场合，因此置身其中的一只小小的鹿，也可能成为借喻和感怀历史的文化符号。

先秦秦汉时期的史书中，便多有苑囿中鹿的身影。如广为流传的赵高指鹿为马、胁迫秦二世故事。又如《汉书·伍被传》所载淮南王刘安的中郎官伍被劝诫刘安的故事：西汉前期，淮南王不安于现状意图造反，伍被苦心警诫他道："大王您知道什么是亡国之言么？春秋末年，伍子胥苦谏吴王万不能放任越国坐大，但吴王拒不听谏，伍子胥悲愤之余道：'我今日已见麋鹿在大王您的苑台上鱼贯而入，姑苏风流胜景必不久矣。'子胥果然一语成谶。而如今我在王宫中也看到了和伍子胥所见一样的情形，宫殿多日乏人料理，不知不觉间荆棘丛生、露水沾衣，荒芜衰败已然显形！"

六　群雄为何要"逐鹿"

历史的循环总是惊人相似，却又有如坠渊之铁势不可挡、东流之水无可挽回，让后人感慨万千。

（二）指代帝位的群逐之鹿

先秦大型的狩猎活动在秦汉时期得以流传，这不仅是对传统的尊重，更有当时特殊的历史原因在。这种集体性大规模的狩猎不单纯是娱乐，还是一种实战性的军事演习，秦汉王朝皆因军功建国，大兴尚武精神，狩猎应和了当时人的政治心理需求。猎鹿另有特别所指，侯旭东先生注意到秦汉之际豪杰群起、竞逐天下之时，社会上诞生了"逐鹿说"，他引张晏之说即鹿喻帝位，解释此说法是以逐鹿比喻争夺天下江山。

为什么会将这二者相联系？杨树达先生认为鹿通"禄"；杨超先生则指出因鹿善跑，逐得者可证明其本领高强，进而反映出地位、财产的高下多寡，由此确立权力的大小[①]。由此可以推测的是：鹿本身格外机警敏感，捕猎它需要投入极大的精力乃至智力，过程中充满惊险刺激，这种狩猎活动本身与竞争皇位的心理体验有共通之处；另外汉代鹿是吉祥的象征，它可能与包含正面意义的胜利、政权也有相通之处。

逐鹿说既冲破传统天命观的桎梏，发现并肯定了个人的力量，有利于历史的正向循环；并且也将鹿拉离寻常经验世界的范畴，赋予其神圣色彩，使得它带有某种难以言说的超凡魅力。

（三）象征神话的祥瑞之鹿

汉晋时期，明确将鹿记述为神兽，如《春秋命历序》曰："神驾六飞鹿，化三百岁。"又《述异记》云："鹿千年化为苍，又五百年化为白，

[①] 参见杨树达：《汉书窥管》，上海古籍出版社，2006年，第351页。前人已指出不妥，参见杨超：《小议"秦失其鹿"》，《西华师范大学学报（哲学社会科学版）》1987年第3期。

又五百年化为玄。"①如此长寿之鹿，当属仙品，其色随着修行时间而变幻不居，浪漫无比。

鹿能成为神兽，并不奇怪，单从其天然形象与习性而言就颇具脱俗气质。鹿幽居山林，偶在草木婆娑中一闪现，其雍容又灵动的形态婉若惊鸿，却稍纵即逝，如一颗流星一样迅速穿梭跳跃在山间，有一股自然不羁、空灵跳脱的天性。当然这并非决定性因素，还有更深厚的渊源有待我们探寻。

早在战国时期，楚国乃雄霸一方的大国，楚文化中融合了当地民间原生态的巫术信仰与神话想象，当时就以其无比瑰丽奇异的精神形态迥异于中原文化；并且它的影响深远，对汉文化更有着直接的熏陶。据考古发现，楚墓中流行一种带角镇墓兽，它的质料多为漆木，极少数为陶木复合型；器形以人、神或鸟兽躯首为主，并以头插硕大鹿角为鲜明特征，底部一般有方座。显然此鹿角具有特别的含义。《楚辞·天问》曰："惊女采薇，鹿何祐？北至回水，萃何喜？"《楚辞·哀时命》亦曰："浮云雾而入冥兮，骑白鹿而容与。"楚人认为鹿具有神性，借用其角来创造镇墓兽的形象，可能是认为鹿角具有辟邪震慑的功能，以此护佑墓主人。

比如一件收藏于南京博物院的战国时期嵌绿松石铜卧鹿。该鹿出自江苏涟水，通高52厘米，四蹄弯曲，静静伏在地上，意态安宁而温婉。特别突出的是它头顶的双角，它们格外修长，如两条修枝，又若两线流云向上优游延伸，线条流畅而飘逸，极富表现力（图6-15）。

到了汉代，楚文化中的鹿角崇拜虽然日渐衰落，但对于鹿本身神性的认可却保留了下来。除了前述关于鹿长寿的传说，汉代人对鹿的想象还体现在"鹿车"上。

汉代的鹿车大致有两种含义，王子今先生已做过考证：一种即"辘车"，指独轮小车，为日常交通工具，史书中多有记载，如《后汉书·鲍宣

---

① （南朝梁）任昉：《述异记》卷上，中华书局，明代万历影印本，第4页。

图6-15 南京博物院藏战国铜卧鹿

妻传》载:"妻乃悉归侍御服饰,更着短布裳,与宣共挽鹿车归乡里。"[1]另一种则指"神驾",即鹿为仙人坐骑或为神人所乘之车的牵动引力。

汉乐府《长歌行》中有这样的诗句:"仙人骑白鹿,发短耳何长。导我上太华,揽芝获赤幢。来到主人门,奉药一玉箱。主人服此药,身体日康强。发白复更黑,延年寿命长。"[2]明确鹿乃承载仙人赴仙山、求长生的坐骑。《后汉书·方术传》载鲁女生之事,李贤注引《汉武内传》写了鲁女生种种神奇事迹,特别是他修行道成后,隐逸入华山,"去后五十年,先相识者逢女生华山庙前,乘白鹿,从玉女三十人,并令谢其乡里亲故人也"[3]。白鹿几乎成为仙人的标配。《神仙传》里也有相似记载。这种鹿车,前已举相关图例(图6-9),图文之间能够互证。

鹿这一山林间无拘无束的野兽,来到人世间,与人类形成种种联结,

---

[1]《后汉书》卷八四《鲍宣妻传》,中华书局,1965年,第2782页。
[2](宋)郭茂倩:《乐府诗集》卷三〇《相和歌辞五》,中华书局,1979年,第442页。
[3]《后汉书》卷八二下《方术传下》,中华书局,1965年,第2741页。

从最直接的衣食开始，走向楼台苑囿成为观赏性动物，涉足于古代政治领域成为权力隐喻，并被想象作仙气飘飘的神兽引领着灵魂通向永生。它由现实动物成为文化符号的艺术化过程，一唱而三叹，既是汉代人想象力的一种形象呈现，也是其内在心灵的一次展示。

反观那一幅幅历史图像，狩猎图中的鹿跳脱活泼，静置的鹿形镇沉稳优游，更不用说鹿首画像砖的简练明达、神鹿坐骑的超逸不群、奇幻造型鹿的浪漫空灵……这些犹带着稚朴气息但想象已然瑰丽的鹿的艺术形象，不拘于时空的流转，在时隔近两千年后扑撞进我们的心里，宛如高山流水之怅触、行云空谷之荡然。

纵使王朝有更替，风流总被雨打风吹去，然而总有那么一些风物因为精神文化而被留存，凝固在了人们的记忆中，始终生机勃勃，引人入胜。

七

獬豸——汉代的执法神兽

公平正义，是古今共通的追求，为此要设立法律制度来维护社会秩序。

　　汉代的法律有"承秦制"之说，这在文献中有明确记载。传世文献如《汉书·刑法志》《晋书·刑法志》等，清晰说明了汉代法律的渊源及流变。出土文献如湖北江陵张家山汉简、荆州胡家草场汉简、云梦睡虎地秦简等律令简，也充分显示了秦汉法律的继承关系。

　　除了社会层面的制度保障，在精神层面，汉代人还追寻终极意义——天命的昭示，以神判来维护内心世界的绝对正义。因而他们设计出相关的神话故事，比如幻想出一种能够公正执法的神兽——獬豸，来寄托他们的理想。

　　这一传说中的神兽，是何种形貌？它被创造于汉代，在当时有哪些艺术图像表现？为什么汉代人相信它能够维护法制？它的形象在西方似乎能够找到对应者——独角兽，但它们之间真的有关联吗？它又是如何承担使命的？为什么还出现在汉代墓葬中呢？

　　让我们从最初的獬豸文献与图像开始回顾。

七 獬豸——汉代的执法神兽

獬豸长什么样？

关于獬豸长什么样，文献中并无一定的记载，有说似牛，有说似羊，也有说似鹿，不一而论。比如南朝梁任昉《述异记》曰："獬豸者，一角之羊也，性知人有罪，皋陶治狱，其罪疑者，令羊触之。"[1]

而无论像哪种动物，有一点却是不变的——獬豸的头顶总有一角。

为何要长一个角？这是汉代造神的普遍做法。汉代创造神兽的方法有多种，其中一种是给现实动物形象增添一些想象性元素，如翅膀、角等，以此凸显出神兽的不凡。而增加的角不仅能够彰显动物的祥瑞特性，而且还有驱魔辟邪的巫术含义。中野美代子曾指出，角是中国具象表达妖怪本质的象征[2]。更早的《山海经》就已有造神怪的传统，而角的这一古老秘义可能也为汉代人所延续。

我们可以了解到，獬豸之所以为神兽，是因为它能够明忠辨奸、惩处罪恶。如《宋书·符瑞志中》曰："獬豸知曲直，狱讼平则至。"[3]唐段成式《酉阳杂俎·支动》也曰："獬豸见斗不直者触之，穷奇见斗不直者煦之，均是兽也，其好恶不同。故君子以獬豸为冠，小人以穷奇为名。"[4]獬豸正义之天性深入人心，以至于它长期成为后世法官的形象代表。

而獬豸所凭借的武器即头顶独角。《异物志》曰："东北荒中有兽，名獬豸，一角，性忠，见人斗则触不直者，闻人论则咋不正者。"以头顶角抵触不直不正的人，乃獬豸神力所在，独角成为辨识它的一个关键性外形特征。

---

[1]（南朝梁）任昉：《述异记》卷上，中华书局，明代万历影印本，第14页。
[2] 转引自［日］伊藤清司著，史习隽译：《中国的神兽与恶鬼：〈山海经〉的世界》（增补修订版），商务印书馆，2019年，第19页。
[3]《宋书》，中华书局，1974年，第807页。
[4]（唐）段成式撰，曹中孚校点：《酉阳杂俎》，上海古籍出版社，2012年，第177页。

汉代的獬豸画像

汉代图像资料中的獬豸长得和文献所记的一样吗？

通过比较，我们发现獬豸图像基本符合文献所记，但多以独角牛为标准形象。它低头俯身，头顶独角往前刺，背部高耸，四肢分向前后蹬立，蹄足触地或偶有一两蹄翻跃，长尾扬起，整体呈现出向前抵的动态。

獬豸图像可分作平面画像和立体圆雕两类。獬豸画像以壁画、画像石等为代表，我们先来看这两类画像。

（一）獬豸壁画

内蒙古自治区的獬豸壁画极富特色，造型生动，绘色浪漫，如它的身体上多绘有斑点，体现出与其他地区獬豸图像不一样的风采。内蒙古鄂托克旗米拉壕23号汉墓墓室右壁，画面上部绘红色帷幔图，下方绘一前一后相随的鹅，双鹅的前方绘一壮硕的独角牛，背景饰有云气纹。此牛牛头俯下，头顶一只弯角向前抵刺，瞪目开口；牛背高耸，身形向前，肩生双翼，白底牛身上缀有墨色斑点，如若奶牛的毛色；牛尾高翘，三足抵地，左前蹄扬起冲天（图7-1）。

图7-1　内蒙古自治区鄂托克旗米拉壕23号汉墓墓室右壁獬豸图

七 獬豸——汉代的执法神兽

　　鄂尔多斯高原凤凰山1号汉墓墓室东壁、北壁上方，也各绘有一只俯首前抵的獬豸。该墓墓室东壁绘画分为左右两部分，左部分为兵器武库图，右部分则为庄园生活图，在画面的中央绘一只右向前抵的獬豸，俯首扬尾（图7-2-1）。墓室北壁下方的主体画面为，自顶垂下绣有云气纹的帷帐，帷帐下左右各有仕女及其仆女端立；北壁上方利用墓顶起坡处至背顶作画，画面形制呈三角形，以云气纹作为背景，画面正中绘一俯首前抵的獬豸，前方有一只手舞足蹈的熊与之相呼应（图7-2-2）。

图7-2-1　鄂尔多斯凤凰山1号汉墓墓室东壁壁画

图7-2-2　鄂尔多斯凤凰山1号汉墓墓室北壁壁画

（二）獬豸画像石

刻獬豸图像的画像石多见于陕北、晋西北、河南南阳等地。画像石上的獬豸不比壁画上的体态雍容，而更多了一分凛冽肃杀之气。

画像石墓墓门流行以铺首图像为饰，铺首上、下方装饰有不同的神兽，常见的搭配为上方刻朱雀，下方刻青龙或白虎，也有的是刻獬豸。朱雀乃祥瑞神鸟，铺首可辟邪，青龙、白虎、獬豸一类猛兽亦有镇墓辟邪之功效，这些图像组合在一起刻于墓门，意在为墓室设置牢固防线，以阻止邪灵侵犯。

如陕西绥德王得元墓左、右门扉，石面从上往下依次刻展翅朱雀、铺首衔环和前抵獬豸图像。獬豸俯首耸背，尾巴高扬，四蹄刨地，气冲云天。画像石久经沧桑，石面已被风霜所侵蚀，有磨损残缺，使得其画面的拓片明暗不一，缕缕尽是洇染出的渺渺古韵（图7-3）。

山西吕梁也有这一类型的墓门门扉。东汉中期，因汉匈之战，汉朝被

图7-3　陕西绥德王得元墓左、右门扉拓片

七 獬豸——汉代的执法神兽

迫把临边境的政府机构内迁，如把陕北郡治迁到吕梁山一带。在这一历史背景下，陕北绥德、米脂的画像石技艺也传至晋西，所以我们发现晋西北的画像石，无论是在其题材、形式还是风格等方面，皆受到陕北画像石的直接影响。

如吕梁中阳叉上汉墓的左、右门扉石，石面所刻图像也为朱雀、铺首衔环和獬豸，只是图像的细节与风格和陕北画像石又有所区别。吕梁画像石上的獬豸，整体轮廓比陕北獬豸尖锐，除了保持独角的基本造型特征，还背生纷然羽翼，增添几分翩翩之气（图7-4）。

河南南阳类似的画像墓门门扉，其基本构图元素也为朱雀、铺首衔环和獬豸。但南阳画像石整体的艺术风格不如陕北那样孔武锋利，线条更为流畅简洁。如该地汉墓的一件画像门扉石，画面上的獬豸低头触地，头顶锋利独角前刺，背部高耸，尾巴高扬，三足立地、左后肢向后抬起。与陕北獬豸图像不同的是，它还肩生双翼，更富有神话想象色彩（图7-5）。

南阳还常见一种一对獬豸相组合，一左一右形成相斗状态的画像石。

图7-4　山西吕梁中阳叉上东汉墓门扉　　图7-5　河南南阳汉画像石墓门扉拓片

如南阳桑园路东汉画像石墓东主室门槛正面，刻一对獬豸互相角抵的图像。画面上的獬豸具有南阳地域特色，也肩生双翼。它们颈背部深躬以至于头几乎触地，头顶弯曲独角互抵，尾巴飞扬，前两肢弯曲、左后肢撑地、右后肢高抬，激战情形被刻画得栩栩如生（图7-6）。

在有的画像石上，一对獬豸中间夹有其他神兽。如南阳一块画像石上，画面四周有边框纹饰，中央的主体画面为一左一右两只獬豸相向而对，它们中间有一只白虎正纵身扑向左边的獬豸（图7-7）。

也有的情况是相邻两块画像石上各刻一獬豸图像，由于这两石有相互组合的关系，所以其上图像也形成了组合。如南阳高新区标准厂房汉画像石墓南、北后室的门槛正面，各刻一獬豸，如此在空间上形成两只獬豸互斗相抵的状态。画面上的獬豸身形较长，角尖而直，肩生双翼（图7-8）。

图7-6　河南南阳桑园路东汉画像石墓东主室门槛石拓片

图7-7　河南南阳獬豸斗虎画像石拓片

图7-8　河南南阳高新区标准厂房汉画像石墓南、北后室门槛石拓片

汉代的獬豸雕塑

汉代獬豸还有圆雕的形制，以木雕、青铜雕塑和陶塑为代表，獬豸雕塑也作低头、独角前刺的战时状态。不同材质的雕塑在分布地域上具有特色。

獬豸木雕和铜像集中在甘肃河西地区，该地为这一艺术文化的创造和保存提供了较好的支撑条件。

首先，自汉代张骞通西域以后，河西走廊长期是中国内地通往西域的要道，既具有重要的战略交通地位，又成为中外文化、艺术的集中交流处。其次，东汉末年虽然天下大乱，但河西一带却并未受到中原地区战乱的影响，反而在较长一段时间内保持了政治稳定，农牧物产丰富，并持续与西域进行贸易，当地百姓相对能够安居乐业。另外，该地区的自然环境也较为特殊，天气干燥，为獬豸木雕的保存提供了良好条件。

甘肃武威磨嘴子汉墓多有獬豸木雕出土，甘肃省博物馆收藏了多件。这些木雕具有颇强的造型能力，线条简练，风格古朴，又神采飞扬。

比如1972年出土于磨嘴子54号汉墓的一件木獬豸，于1973年3月入藏甘肃省博物馆。它高35厘米，长93.7厘米，角、身、蹄腿、尾等部位为分别削制、再黏合而成，以黑、红两彩描绘五官及皮毛，身体一侧还涂以白底。它的姿态雕作前行冲刺状，头顶角前伸，四足立地、前伸后蹬，身体曲线十分分明：头低、背弓、腰凹、尾巴略呈"S"形，如此从头到脚的轮廓线高低起伏、错落有致（图7-9）。

图7-9　甘肃武威磨嘴子54号汉墓出土獬豸木雕

另一件1955年出自武威磨嘴子7号汉墓的獬豸木雕，虽在制工上不如前一件精致，全身保持了木头原色而无彩绘，但在气势上却更威猛有力。这件木獬豸在制作时，工匠巧妙地运用了木头原本的肌理和结构，不多加修饰，只在关键部位以刀雕刻，却愈发凸显出獬豸的力量感。它有尖利的独角，尾巴笔直向上翘，四肢左右两两各向外扩，四条大腿肌肉强健，前肢直伸，后肢则在膝盖处有一弯曲弧度，如此呈现出身躯重心压低放前，力量集中在头顶尖角上的动感（图7-10）。

青铜獬豸我们之前已介绍过一件出土于嘉峪关新城乡的材料（图4-19），在此我们再来看陶獬豸的情况。这类陶兽不如木雕、铜像般矫健精细，而是更加浑圆朴厚，少了一份凌厉逼人的锐气。

如南阳征集的一件当地出土的陶獬豸，红陶质，高12厘米，身长22厘米[①]。此陶獬豸的头首俯下，头顶独角突出向前刺，双耳向前，瞋目，鼻孔微张；颈上一排鬃毛竖起，颈背部耸起，显得后半身略向下凹；肩部似有双翼，粗短的四肢立地，尾巴根部略向上翘、尾尖下垂（图7-11）。

[①] 参见李桂阁：《南阳地区东汉墓出土陶塑镇墓兽》，《中国国家博物馆馆刊》2015年第12期。又经李桂阁先生于2021年6月1日告知，该陶兽为在南阳市郊区的征集品，谨致谢忱。

七 獬豸——汉代的执法神兽

图7-10 甘肃武威磨嘴子7号汉墓出土獬豸木雕

图7-11 河南南阳征集陶獬豸

獬豸里的法制思想

那么，汉代人为什么要创造獬豸这一神兽？这要从汉代法律及其精神说起。

汉法虽是继承秦法，但并非完全照搬。孙家洲先生注意到秦汉法律制度的设立与实践之间是有间隙存在的，他认为这个话题可分两个层次来理解。一是在立法领域内，汉代法律是明确继承秦代律法的；二则是在执法实践中，汉代人却能够重视法律与人情、人心之间的协调，从而体现出有别于秦代的理性因素。汉代"执法宽平""依法从轻"，是其执法的特色[①]。

法律与人情的关系，可由当时的"循吏"与"酷吏"之说而推知。有意思的是，《史记》《汉书》皆专为这两类法官单独立传，可知他们的社会影响力。他们之间的区别何在呢？孙家洲先生认为是，重不重视"执法平"：酷吏唯君主命是从，把国家的法律视为贯彻君主个人意旨的工具；循吏则致力于维持法律自身的尊严和稳定，并且在执法过程中尽量兼顾合乎人情[②]。

比如武帝朝第一"铁憨憨"汲黯，出身世家，曾在任景帝朝的太子洗马时，就已以威严而著称。武帝即位后，他从谒臣升至九卿，常耿直谏言让武帝下不了台；却又妙语如珠而让武帝无可奈何，只能朝左右抱怨几句"汲黯怎么如此愚蠢"作罢。能令唯我独尊的武帝容忍甚至礼敬他，除了才干、忠诚，汲黯无可替代之处在于就连武帝也不得不承认他乃"社稷之臣"。

太史公屡书汲黯秉公办事，体谅民情，颇有邪不压正之风。比如淮南王谋反时，就只怕汲黯，知其"守节死义，难惑以非"，却对丞相公孙弘不屑一顾。大将军卫青炙手可热之时，趋炎附势者甚众，偏汲黯敢与之抗礼，这反倒令卫青生敬。故卫青每每以国事请教汲黯，待之如平生知己。

巧的是，可列为有汉一朝酷吏之首的张汤，恰与汲黯同时，且后来居上位至御史大夫。汲黯深恶张汤聪明有余，责此"刀笔吏"毫无公心，专门奉迎圣意，利用法令条文搅得天下不安，乃"内怀诈以御主心，外挟贼吏以为威重"。从汲黯、张汤二人的对峙中可知，"执法平"才能真正得到主流舆论的肯定。尊重法律而非曲法阿主，是判断执法官责任感的核心要素。

汉代能得到认可的法官，并不以通晓法律文书为唯一标准，相反都具有鲜明的个性。比如西汉晚期封为高阳侯的薛宣，虽不精于经术，但为官赏罚分明、用法平，办事皆遵循法度条教，仁厚而有人情味。又如朱博乃

[①] 孙家洲主编：《秦汉法律文化研究》，中国人民大学出版社，2007年，第64、74—78页。
[②] 孙家洲主编：《秦汉法律文化研究》，中国人民大学出版社，2007年，第66页。

七 獬豸——汉代的执法神兽

武吏出身，本身并不精通法律，却出任廷尉。他也担心难以服众，所以召见掌管法典的下属正监和掾吏，让其列出之前的数十件疑难案件，由他来作答。让众人意想不到的是，朱博审案所下的判断，竟"十中八九"，他以此服众。朱博所凭，乃二十余年的治政经验，认为"三尺律令，人事出其中"，说明法律与人情有内在一致性，这乃专业司法官员的共识。

除了官方委任的法官，基层社会还依赖宗法组织自治，且宗法组织的威力往往更加有效。如一块出土于甘肃省酒泉市果园乡高闸沟砖厂墓葬的画像砖，摹绘了族长听讼的一幕。砖面上方绘有红色帷幔，帷幔下绘小几，勾勒出厅堂的格局摆设。画中人物有三，正中央是主角族长，身形最大，头戴高冠，着交领长袍，拱手端坐于铺在地面的坐席上，头偏向一方，正凝神听取跪在画面左侧一人的禀报；画面右侧，立有一名戴介帻、着袍的人（图7-12）。

从以上故事我们可知，汉代人重视法律，但能得到赞誉的法官不一定要刻板遵守法律文书；甚至执法者不一定是由官方任命，而关键是除了才智能力以外，要能明辨是非，彰显公平和正义。

图7-12　甘肃酒泉出土族长听讼画像砖

这一心理就解释了为什么獬豸会被创造出来，因为獬豸最重要的功能即协助法官公平断案，让正义得到彰显。

中西方的独角兽有何不同？

我们知道，西方神话中也有独角兽，那它与我们本土的獬豸有没有渊源呢？

西方最早的独角兽出现在古希腊克特西亚斯（Ctesias）的著作《印度史》中。到了中世纪基督教文化中，独角兽的形象逐渐固定为额前长有一只尖角的马，圣洁而灵动。它的地位变得重要，在《圣经》里它被塑造为贞女的臣服者，以此隐喻对圣母玛利亚的崇拜；而其被捕甚至牺牲的命运，也成为基督牺牲的隐喻。

比如中世纪的挂毯上，独角兽伴随少女或被狩猎围捕的图像是常见题材（图7-13）。这类挂毯在法国巴黎德克鲁尼博物馆、纽约大都会博物馆的分馆曼哈顿修道院等著名博物馆中，都有收藏。

文艺复兴以来西方航海业发展，独角兽的形象和价值发生了变化。

它从陆生马的形象转变为海兽，它的角也变成神奇的药物（实际只是独角鲸的长牙），经由医师、商人的推广吹捧，受到贵族们追捧。如法国医生安布鲁瓦兹·帕雷（Ambroise Pare）的《怪物与惊奇》，描绘了两栖独角兽（camphur），他认为独角鲸是某些独角兽角的来源；而法籍医师、药剂师皮埃尔·皮马特（Pierre Pomet）的《药物通史》，则专门区别海中独角兽和独角鲸，并描绘了两栖及多种陆生独角兽。

不过独角的药用价值也被质疑。在此背景下，为了维护独角兽角的药物价值乃至家族事业，丹麦医学世家巴托林家族致力于研究独角兽及其潜

七 獬豸——汉代的执法神兽

图7-13 中世纪少女与独角兽挂毯

在药用价值，在托马斯·巴托林1645年发表的《独角兽新观察》一书中，独角鲸被重新定义为海中独角兽，其神奇功效得到了肯定，此书却客观加速了独角兽从可信事实到神话的转变。

因此，西方独角兽与我国獬豸的文化背景完全不同。前者主要存在于基督教教义的语境中，而后者则是我国古代法制精神的象征，二者唯一的共同点仅在于头顶长独角。

獬豸图像在墓葬中有什么功用？

然而，象征公平的獬豸图像为什么会被设置到墓葬中，它与汉代人的精神信仰空间有什么关系？

我们认为，獬豸的神力在于能够辨奸识恶，并且对之施以惩罚，那么丧葬礼仪可能借用了它的这一重要功能，将之设置在汉墓中，是将其神力用作抵触抗衡冥冥中的恶灵，防止它们打扰到墓主人死后的宁静。

通过以上的分析可知，獬豸画像多被刻在墓室门扉、门槛等上面，雕塑也多被放置在墓门及其附近。墓门这一位置很是特殊，因为它是墓室与外部连通的最后一道防护线，往往人们会在墓门上或周围设置能够镇墓的神灵图像。而獬豸，正好凭其威猛的外形和尖锐的独角，起到震慑入侵者的作用，以守护墓室的安全与墓主人灵魂的平静。

后世有诗云："苍鹰下狱吏，獬豸饰刑官。""屈轶无佞人可指，獬豸无繁刑可触。"汉代獬豸的形象与精神内涵，一代代流传下去，成为我国古代法制史的一种象征、心理史的一个写照。在古今共通的人性中，我们仿佛迎面望见明月之下是通往古人心灵的道路。

行进在这条道路中的每个人，都在心中坚守着一份道义、一份情怀。也许用塑神来维护法制的方式，在理性面前是螳臂当车，但它反映出一种近乎理想主义的精神。人类治世该是何种模样？不同的人有不同的答案，但无疑公平和正义理应是其中的一个侧面。为此，有无数国人曾为之浴血奋战过、上下求索过，还将有更多的人传承延续下去。

毕竟历史不是计算的公式与冰冷的数字，它虽裹挟我们每一个人，然而最终仍然是由每一个活生生的人，去共同书写和推动它。历史的长卷摊开以后，它是由一个个鲜活性情的人所构筑、由一颗颗上进理想的心灵所充实、由一条条布满荆棘但向善向真的道路所铺就的。

八

从蟾蜍到玉兔——月亮神兽变形记

自古以来中国人就对月亮情有独钟。她的婉约皎柔总是触动人心底的诗意情愫，让人的思绪仿若一滴墨滴入水中，霎时间丝丝缕缕洇染开去，飘渺无极。一些绰约绮曼的神话便容易诞生在这种似幻亦真、轻恍如梦的片刻里。

　　所以我们设立了中秋节，赏月时又会讲起嫦娥。她的广寒宫、玉兔乃至砍伐桂树的吴刚，是每代中国人耳熟能详的故事。唐人笔记《酉阳杂俎·天咫》载："旧言月中有桂，有蟾蜍，故异书言月桂高五百丈，下有一人常斫之，树创随合。人姓吴名刚，西河人，学仙有过，谪令伐树。"[1] 这一版本的传说自唐至今，已传承千年。

　　那在唐代以前，更早的月亮神话又是什么样呢？月神一开始就是嫦娥吗？月神的宠物最早就是玉兔吗？且让我们往前追溯，去往更早的战国秦汉时期。

汉代的月亮女神是嫦娥吗？

　　汉代人已有月神崇拜，但月神就等于嫦娥吗？那时的嫦娥是什么形象呢？

　　较早记载嫦娥的文献见于战国时代。如湖北江陵王家台秦简《归妹》曰："昔者恒我窃毋死之□/"，"/□□奔月而支占□□□/"。"恒我"即"恒娥"，《尔雅》云："法、则、刑、范、矩、庸、恒、律、戛、职、秩，常也。"恒即常，汉时为了避汉文帝刘恒的讳，改恒为常，常又进一步类化为嫦，因此"恒娥"指常娥。此简提到嫦娥窃药与奔月两个情节。

　　汉代文献记载得更为详细。如《淮南子·览冥训》曰："羿请不死之

---

[1] （唐）段成式撰；曹中孚校点：《酉阳杂俎》，上海古籍出版社，2012年，第5页。

八　从蟾蜍到玉兔——月亮神兽变形记

药于西王母，姮（姮也是恒字随娥字类化而成）娥窃以奔月，怅然有丧，无以续之。"①张衡《灵宪》更交代了嫦娥奔月的前因后果："羿请无死之药于西王母，姮娥窃之以奔月。将往，枚筮之于有黄。有黄占之曰：'吉。翩翩归妹，独将西行。逢天晦芒，毋惊毋恐，后其大昌。'姮娥遂托身于月，是为蟾蜍。"②在此，嫦娥传说基本成型。但此时故事中既无玉兔也无吴刚，甚至连嫦娥本身也可能变幻为动物，有着原始神女天然野性的本能，不比后来演变为仙子后的风雅矜持。

文献如此，那图像里有没有嫦娥出现？她真长成一只蟾蜍的模样吗？

早期的艺术图像中却鲜见嫦娥题材。有一例南阳西关出土的汉画像石被认为是表现嫦娥奔月的。画面左方是一轮圆月，月中有一只四肢舒展的蟾蜍；右方一名高髻广袖、人身蛇尾的女子腾空而起，姿态曼妙，飞向月亮，画面背景饰以线条流畅的云气纹和星宿图像（图8-1）。

将上图中女子认作嫦娥的观点③，也引发了争议④。因为在汉代图像

图8-1　河南南阳西关汉画像石拓片

---

① （汉）刘安等编著，高诱注：《淮南子》卷六《览冥训》，上海古籍出版社，1989年，第67页。
② 董治安主编：《两汉全书》（第十八册），山东大学出版社，2009年，第10956页。
③ 周到、吕品：《河南汉画中的远古神话考略》，《史学月刊》1982年第2期；贺福顺、江继邓、张深阁、魏萍：《〈"嫦娥奔月"图像商榷〉的商榷》，《中原文物》1997年第1期。
④ 有观点认为此画像石反映的是"常羲浴月"场景，参见史国强：《南阳汉画中"嫦娥奔月"图像商榷》，《考古与文物》1983年第3期。

中，更常见的月亮神并非如今嫦娥的形象，月神一般被塑作女子形象，但上半身为人形，下半身则为蛇尾或龙尾。

如河南南阳麒麟岗汉墓出土一对画像石，石上各竖向刻一日神和一月神。两石图像形制相似，日月神皆人身蛇尾，双手各举日轮或月轮于胸前。但见月神为女子形象，丰神翩跹：她高梳发髻，微扬面孔，肩生飞羽，着交领宽袍，手捧一轮硕大圆月置于胸前；下半身为蛇身，长尾曲线窈窕婉转，蛇足轻舞（图8-2）。南阳画像石的图像极具装饰性和浪漫气息，线条简练而充满力度，形成飘逸洒脱的美学风格，这幅月神图像正是其代表。

山东也见此类日月神画像石。如邹城峄山镇野店村收集的两件长方形画像石，分别刻人身龙尾的日神和月神。刻月神的画像石画面分作左中右

图8-2　河南南阳麒麟岗汉墓月神画像石拓片

图8-3　山东邹城峄山镇野店村月神画像石

三格，左格刻斜线纹装饰，中格刻菱形纹，右格则刻月神图像。只见她正面而立，梳高髻，五官清晰，着交领长袍，双臂高擎一轮圆月；下半身为带鳞龙身，有双兽足和长尾（图8-3）。山东画像石的图像普遍不比南阳的飘洒自如，而更为敦实厚重，细节处常精雕细琢。

那么汉代的日月神有具体的名称吗？一般有把他们当作伏羲女娲，或者羲和常羲的说法，这两组神人都是对偶神。而四川一例带榜题的画像石，可以为我们提供命名依据。

简阳三号石棺棺身一面的图像，画面横向，雕刻着神人和神兽，组成和谐热闹的仙境图（图8-4）。画面右部上方为两组仙人图像，左为一名仙人骑在神兽背上前行，榜题"先人骑"；右为两名仙人在进行六博游戏，榜题"先人博"；画面右部的下方为一条长龙和两尾游鱼，自在遨游。画面左部的主体图像为日月神，他们的形象有别于中原地区的人身兽尾形，而作人首鸟身形象。两神并列左右，腾空飞翔，中有榜题"日月"。日神在右，转头看向月神，胸前日轮里依稀可见一只金乌；月神在左，发髻高耸，肩部两侧原应生双臂的位置长出双翼，羽翼丰满，胸前一轮月轮与身边日神相呼应，尾羽长飘入云，身姿轻盈。日月神的周围环绕着白雉等神兽和仙草。此石图像造型拙朴、简括而灵动，透露出一派天真烂漫之态。

此榜题可为画像石上半人半动物、擎有日月轮的神灵正名。也就是

图8-4 四川简阳鬼头山东汉三号石棺棺身画像石拓片

说，当时人可能以"日月神"直呼，鲜有将月神与"嫦娥"相联系的。这可能主要是因为在汉画像上，日月神往往成对出现，可嫦娥奔月之后却并无男神与之相配。

汉代的月亮神兽是什么？

唐代以后，出现在月亮里的神兽是玉兔，那之前呢？

我们发现汉画像中的月亮除了由女神托举，在月中也已有神兽栖息。但玉兔并非主要的神兽，因为从西汉初年起，最常见的月中兽是蟾蜍。

（一）月中蟾蜍

文献中常把蟾蜍和月亮相联系。如《淮南子·精神训》曰："日中有踆乌，而月中有蟾蜍。"《论衡·说日》云："儒者曰：'日中有三足乌，月中有兔、蟾蜍。'"

汉代带蟾蜍的月亮图像有很多。如河南洛阳卜千秋西汉墓主室前、后墙壁之间的墓顶平脊内侧，绘有一长幅升仙图壁画。据王绣先生的摹本并经霍宏伟先生考证后，我们可知此长卷从左往右的图像依次为：月神、月

图8-5-1　河南洛阳卜千秋西汉墓升仙图壁画摹本（王绣摹绘）

亮、羽人、五灵（即青龙、白虎、朱雀、麒麟及玄武的前身鱼妇）、西王母、玉兔、墓主人卜氏夫妇、日神和太阳。画中的卜氏夫妇一上一下各乘一只神兽，由最前边的羽人和五灵引领着，正穿越生死的界限，前往仙境（图8-5-1）。

其中西王母的存在象征着仙境的来临，此处人身蛇尾的日月神被视作伏羲女娲，这些神灵在守护着墓主人由幽冥升天的阙门。由盛装月神护卫着的月亮里，可见一株紫叶褐干的桂树亭亭而立，一旁有一只正在舞动的带墨色斑点的蟾蜍（图8-5-2）。类似的月亮壁画在洛阳金谷园新莽墓后室顶藻井中也能见到（图8-6）。

8-5-2　壁画摹本局部

图8-6　河南洛阳金谷园新莽墓月象图摹本（王绣摹绘）

驰骋三界——汉代神兽的图像世界

山东济南长清孝堂山郭巨祠堂梁下刻一横幅天象图,梁左刻月轮,月中一只蟾蜍向上跳跃;梁右刻日轮,日中一只金乌敛羽向下坠翔。石上画面的其余部分用连线珠纹表示星宿,这是当时人所认识的天界情形(图8-7)。

图8-7 山东济南长清孝堂山郭巨祠堂天象图拓片

南阳唐河湖阳出土一件画像石,画面上人首蛇尾的日月神一下一上反向而立,长尾彼此相交,各自举手高托着日、月,造型巧妙而优美。在月亮中,即蹲伏一只蟾蜍(图8-8)。

一件陕西神木大保当汉墓出土的门楣石,主体画面为狩猎图像,正中央伫立着一头大象,情态安详,头首微俯面对着驯象人;他们的左边有一匹飞马,正腾空扬蹄,昂扬奋进;右边有一名猎手驱马追逐猎物,他于马上拉弓扣弦,箭羽即将离弦而出,呼啸着撕裂空气,迅猛得势必要令前方已中一箭的野兽无处可躲。在画面的左右两端,分别悬挂着月、日轮,日轮中一只金乌振羽高飞,月轮中一只蟾蜍后肢蹲立,前肢上伸,正在跳跃,日月一左一右交相辉映,向大地上的生灵投射出一片祥和的光芒。画面背景再饰以奔涌弥漫的云气纹,尽显大汉气吞万里如虎的时代气息(图8-9)。

图8-8 河南南阳唐河湖阳画像石拓片

图8-9　陕西神木大保当汉墓门楣石

（二）月中玉兔

也有玉兔出现在月亮中的图像，开始是玉兔伴随在蟾蜍身边，大约到东汉晚期它已经能够单独与月亮相组合。

月亮中同时有玉兔和蟾蜍的图像资料较多。如马王堆一号汉墓出土"T"形帛画，画面分作三层世界，在最上面一层的天上世界入口阙门处有两名使者，其上乃双龙，最顶端中央为一人首龙尾神，他的左右两端为月亮和太阳。此处月亮的形状并非圆轮，而仅一弯月牙，上有一只蟾蜍和玉兔相对（图8-10）。

河南洛阳烧沟西汉61号墓主室墓顶平脊内侧装饰有12块彩绘空心砖，其上图像组合成连续的星象图。自墓门口顶端向后排列第七的画像砖上，绘有月亮：墨线勾勒月的轮廓，内施淡青色；月亮内西侧用墨色绘制一只朝逆时针方向呈游泳状的蟾蜍，它的四肢有斑点；蟾蜍前方有一只奔跑的小兔，活泼伶俐。月亮外飘浮着云气纹，在月亮西侧的南北方，各有一颗星，可能是虚宿（图8-11）。

山东滕州官桥镇大康留出土一件祠堂盖顶石，画面上、下各刻一月、日轮。上方的月中有一只蟾蜍呈跳跃状，旁边有一只玉兔在捣药；月轮外有一条长龙环绕，两侧再由人首蛇尾的伏羲女娲一左一右盘旋。下方的日轮由一只大鸟背负，大鸟正奋羽上飞，日内刻一三足乌。画面背景装饰有云气纹、群星及神鸟，给人以熠熠生辉之感（图8-12）。

只有玉兔和月亮相关联的图像，大约是在东汉时期出现的。如重庆忠

图8-10　湖南长沙马王堆一号汉墓"T"形帛画摹本局部

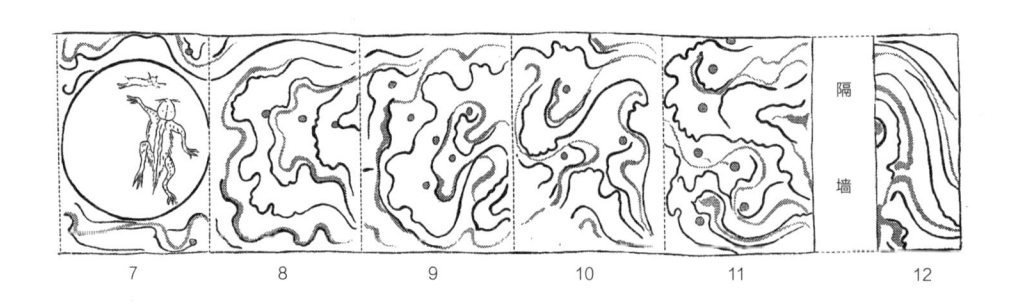

图8-11　河南洛阳烧沟西汉61号墓主室星象图摹本局部

县忠州镇的"国保"单位——东汉晚期丁房阙上刻一幅月亮图,画面中央有一只玉兔蹲在枝繁叶茂的桂树下,抬首凝神望着天上的明月,一个圆轮中榜题"月"字,其下有祥云衬托。桂树叶轻轻飘落在玉兔身边,背景点缀着朵朵祥云,画面雅致而安宁,颇有一番"暗香浮动月黄昏"之韵味(图8-13)。

在东汉晚期之前,月中兽一般为蟾蜍,虽然也有蟾蜍和玉兔共同出现在月亮中的图像,但鲜见只有玉兔在月亮中的情况。

八　从蟾蜍到玉兔——月亮神兽变形记

图8-12　山东滕州官桥镇画像石拓片　　　图8-13　重庆忠县丁房阙画像局部拓片

蟾蜍和玉兔最初的主人是谁？

在汉代，能够住在月亮里的蟾蜍和玉兔并非简单的现实动物，而是有神性的。那它们的主人就是月神吗？其实不然，它们确实有一位共同的女主人，但她既非月神，也非嫦娥，而是西王母。

西王母是何方神圣呢？她可以说是汉代民间信仰中风头最健的女神。

《山海经》对"西王母"有多处记载，有时认"西王母"作西域的某个国名，有时则认她是半人半兽的神灵，而就后一种说法，也有大同小异的两处记载。一处在前面"麒麟"一章已经提及，另一处则曰："有人，戴胜，虎齿，有豹尾，穴处，名曰西王母。""胜"基本是汉画像上西王母的专用头饰，这时的西王母形象怪异而凶猛，住在山洞里，仿佛还带着原始人的印记。

133

到汉画像上，西王母形象则已演变成贵夫人形象。画像砖、画像石、壁画、青铜摇钱树、铜镜等，对她都有浪漫的演绎。美丽女神穿着华服端坐在高台或者龙虎座上，周围簇拥着玉兔、蟾蜍、三足乌、九尾狐、牛首或鸡首人身的侍从，在飘然仙境里引领着世俗灵魂上升。

汉代人对西王母的崇拜与日逐增，特别是西汉晚期在王莽政权的鼓励下，这一民间信仰变得狂热，以至于发生了民众大规模祭祀西王母的活动，《汉书·哀帝纪》《汉书·五行志》中有记载。西晋《穆天子传》中还有周穆王西巡与西王母相见的故事。

为什么汉代人对西王母如此景仰呢？是因为汉代人相信她掌管着不死灵药，象征着长生吉祥。前述汉代文献中嫦娥窃取的灵药，即来自于西王母。

而帮助西王母捣药的，有蟾蜍，更多时候则是玉兔。汉乐府《董逃行》曰："玉兔长跪捣药虾蟆丸。奉上陛下一玉柈，服此药可得神仙。"[①]

那么捣药玉兔的图像有哪些，可以怎么分类呢？

在汉画像中，既有一只玉兔单独捣药的。如一件南阳画像砖，砖面横向刻西王母及其侍从。西王母位于画面中央，戴胜，左向而坐；她的左侧有一只玉兔面向西王母，蹲立在一药罐前，长耳竖立，两前肢持一杵棍。西王母的右侧身后有几名羽人在翩然起舞，左侧玉兔的身后依次有蟾蜍、九尾狐和三足乌，也在舞动四肢、尾巴或者引吭高鸣（图8-14）。画面气氛祥和，人物神兽造型生动，他们应和着音乐翩翩起舞的动态被刻画得淋漓尽致，女

图8-14 河南南阳西王母画像砖拓片

---

① (宋)郭茂倩编撰：《乐府诗集》（上、下）卷三四《相和歌辞九》，上海古籍出版社，2016年，第456页。

八　从蟾蜍到玉兔——月亮神兽变形记

神的高贵、玉兔的温顺、羽人的灵动与其他神兽的率性，各具特色。

也有一对玉兔捣药的。比如出土于山东临沂汽车技校的一件画像石，画面由界栏分作上下两层，上层面积较小，横向刻两只玉兔相对捣药，两兔中间放一药罐，右边的兔子蹲坐着，持一杵棍伸进罐中；左边的兔子蹲坐相对。画面下层的面积较大，竖向刻有四条盘龙，两两为一组，一组在上一组颠倒在下，身躯相互盘结在一起，嘴里各衔着与之相对的倒立者的尾巴（图8-15）。此石上的盘龙寓意生殖，玉兔捣药则象征着长生，皆为吉祥的图像。

还有蟾蜍与玉兔共同捣药的。如一件出土于山东泰安大汶口汉墓的后室后壁画像石，画面横向，分为内外两层，外层以卷云纹装饰作边栏，

图8-15　山东临沂画像石拓片

内层为主体画面。内层分为左中右三格，左右两格面积较小，各刻一月轮和日轮；中间一格面积更大，刻一对猛龙左右相向，中有一尾鱼。在右方的日轮中有一金乌，而左方的月轮中则有一只蟾蜍和玉兔左右相对，共持一杵在捣药（图8-16）。在此，蟾蜍与玉兔不仅成为一对搭档，而且自西王母身边转移到了月亮中，空间位置发生了改变。

图8-16　山东泰安大汶口汉墓画像石拓片

驰骋三界——汉代神兽的图像世界

为什么蟾蜍会住在月亮里？

蟾蜍能够住在月亮里，是因为她们有什么共同性吗？

（一）蟾蜍的生殖含义

我们先来了解汉代人对月亮的认识。当时人的天文学知识并非完全是科学的，而是受到当时流行的哲学思想——阴阳理论的影响。

发源于战国晚期的阴阳五行观经由汉儒的吸收完善，盛行于当时，试图用以解释宇宙。汉儒用"阴阳""五行"来理解和安顿天地时空，把抽象的自然规律用形象的符号如五色、五方、五帝、五灵等加以说明，从而使得世间万物在话语体系的构筑中秩序井然。

在汉代人看来，日为阳、月为阴，日夜交替象征阴阳和谐。那么蟾蜍是否也有属"阴"的一面，所以才会成为月中兽的呢？答案是肯定的。

为什么说蟾蜍是"阴性"的呢？原来蟾蜍最明显的生理特征是大量产卵，契合对"阴"的认识。

早在史前，先人们就已关注蟾蜍的这一特质，比如甘肃马家窑文化彩陶上多见蛙纹，甚至有一种神人纹即描绘人的四肢为蛙爪（图8-17），造型奇特，颇有特色。这种艺术反映出古人的生殖崇拜观念，对于生命的诞生既欣喜雀跃又诚惶诚恐，所以会专门为此造神以求平安顺遂。

图8-17 甘肃马家窑文化神人纹彩陶

生殖崇拜普遍见于世界各地的古代艺术，比如一件希腊罗德岛制造的阿芙

八 从蟾蜍到玉兔——月亮神兽变形记

洛狄忒-伊西斯神像（图8-18）。该女神头顶柳筐，梳着埃及风格的发型，穿戴埃及传统的轻纱服饰，可她的面孔和肤色却是希腊式的。因此这位女神是希腊美神阿芙洛狄忒，和埃及象征生活、健康的女神伊西斯，二者融为一体的化身，反映了埃及神被希腊化的情形，折射出古希腊、古罗马曾经攻占埃及后，带来文化交流的历史。而不论是希腊人对美和爱的推崇，还是埃及人对贤妻良母的认可，女神崇拜的根源与重视生命繁衍密不可分。

图8-18 希腊罗德岛阿芙洛狄忒-伊西斯神像

（二）蟾蜍的蜕变

除了寓意生殖的阴性，蟾蜍还在外形变化上与月亮相应和。

我国古代对天象的观测起源很早，这与农业古国"观象授时"，生产生活顺应自然节律的现实需要相关。冯时先生认为文明的诞生是从古人对天人关系的探索开始的，比如河南濮阳西水坡新石器时代45号墓的实物资料，就已体现出较成体系的天文学内涵[1]。因此月有阴晴圆缺这一天文知识，早为古人所留意。

汉代已有人能够从科学的角度予以思考，比如王充。当时有传说认为海潮之兴乃冤死伍子胥的恨怼之气造成，《论衡·书虚》对此辩说，认为其虚妄无验，王充正确意识到，"涛之起也，随月盛衰，小大满损不齐同"[2]，海潮起落的真正原因是月之盈亏，也就是月球引潮力的作用，王子

---

[1] 冯时：《见龙在田 天下文明——从西水坡宗教遗存论到上古时代的天文与人文》，《濮阳职业技术学院学报》2012年第3期。
[2] （汉）王充：《论衡》，上海古籍出版社，1990年，第41页。

今先生指出这"是关于海潮发生理论最早的非常明晰的观点"[1]。

至于月亮为何会在夜空中焕发出如此温柔的光芒，为何能够死而复生？是靠什么获得变化的力量？——屈原曾对此发出过天问："夜光何德，死则又育？"他的想象是："厥利维何，而顾菟在腹？"[2]闻一多先生曾考证顾菟即蟾蜍的别名，意思就是月亮能变化是因为内含蟾蜍。

蟾蜍由蝌蚪长成，其自幼及壮的蜕变过程有如一场幻化，与月相一样变化无拘。蟾蜍会变形，这也是古人会认为它是月中神兽的一个原因。

（三）蟾蜍的其他神奇属性

汉及以后，人们对蟾蜍的认识更进一步，为其神奇属性找到更多依据。

《后汉书·灵帝纪》载："（中平三年，186年）复修玉堂殿，铸铜人四，黄钟四，及天禄、虾蟆，又铸四出文钱。"[3]《后汉书·张衡传》载阳嘉元年（132年），张衡造候风地动仪，"外有八龙，首衔铜丸，下有蟾蜍，张口承之"[4]。蛤蟆器物成为陈设器，对此我们能找到相对应的实物资料。

比如一件藏于南京博物院的东汉蟾蜍陶插座，高15.8厘米，蟾蜍形象写实，比例匀称，四肢撑地，仰头上望，双眼凸出，鼓腮而鸣，于静中寓动；蟾蜍的背后立一柱形插座（图8-19）。这类陶座在巴蜀地区出土较多，常用作青铜摇钱树的底座。

汉代人还认为它有辟兵功能，如《文子·上德》言："蟾蜍辟兵，寿在五月之望。"[5]这也能在画像石上找到证明，如山东嘉祥武开明祠一件画像石，画面分作上中下三层，第一层为神人出行图，第二、三层俱为历史

---

[1] 王子今：《〈论衡〉的海洋论议与王充的海洋情结》，《武汉大学学报（哲学社会科学版）》2019年第5期。
[2] （汉）刘向辑，（汉）王逸注，（宋）洪兴祖补注，孙雪霄校点：《楚辞》，卷三《天问章句》，上海古籍出版社，2015年，第106页。
[3] 《后汉书》卷八《灵帝纪》，中华书局，1965年，第353页。
[4] 《后汉书》卷五九《张衡传》，中华书局，1965年，第1909页。
[5] （春秋）辛妍著；（元）杜道坚注：《文子》，上海古籍出版社，1989年，第40页。

八　从蟾蜍到玉兔——月亮神兽变形记

图8-19　南京博物院藏东汉蟾蜍陶插座

图8-20　山东嘉祥武开明祠画像石拓片及其线图局部

人物故事类图像。在第一层图像的中央，主神乘坐着带华盖、前有三尾大鱼拉引的云车巡行，车后跟着一名侍者；四周有众多仙人乘鱼随行，在最前方有持兵器的仙人和神兽开路，右上方即一只蟾蜍。它两前肢一持剑、一持盾，右后肢立地，左后肢上抬，身躯呈跃动保卫状。画面中弥漫翻卷着云气，与神行队伍的刀光剑影纷然交错，给肃穆的车队增添了几分传奇色彩（图8-20）。

蟾蜍的医药价值也被发现。《抱朴子·内篇·仙药》云："肉芝者，谓万岁蟾蜍，头上有角，颔下有丹书八字，体重。"①

以上观念，增加了蟾蜍身上的神奇属性。

汉代以后的月亮神兽有什么变化？

（一）月亮神兽变为玉兔

汉画像上兔子的题材较为多样。它可能被描绘作庖厨图中的食物，或者狩猎图中的猎物，反映了当时人日常的饮食、骑射情况。也可能作为神兽出现，除了前述作为西王母的侍从，或者月中兽，还可能出现在星宿图里，体现出当时人对兔子的神秘想象。

为什么兔子会和星宿相关联？原来这时候它象征着毕宿，这在河南南阳画像石上的天象图中可见。

如一件出土于南阳宛城东关的画像石，画面可分作上下两层，上层以日月图为主，下层以星宿图为主。上层一前一后各刻一只大鸟，长颈带翎，尾羽分作几束，线条优美，依次向右飞；前方那只双翼背负着日轮，后方则背负着月轮，月轮中可见一只蟾蜍。画面下层右刻代表东方主神的青龙星座；左方有八颗圆珠连线，内伏一只小兔，它们代表西方主神白虎座下的毕宿。在日月、星宿的周围，还装饰有云气纹以增添宇宙的浩瀚氛围（图8-21）。

汉代以后，兔子原有的这几个神奇属性变得单一起来。它逐渐固化在

---

① （晋）葛洪：《抱朴子·内篇》，上海古籍出版社，1990年，第79页。

图8-21　河南南阳宛城出土画像石拓片

月中兽的身份上，甚至取代了蟾蜍在月中的地位。

并且，月亮女神也由可能为女娲、常羲的人身动物尾神灵，转变为嫦娥，并逐渐定型，流传下来。

因此，月亮女神和神兽都发生了变化。为什么会有此之变？

（二）西王母的不死灵药

西王母的灵药是将一切联系起来的关键所在。

嫦娥是因为偷吃了灵药，而飞往了月中。兔子则是灵药的制造者。

为什么兔子具有捣神药的神力？可能是古人对兔子实际的药用价值有所认识和体验，这在当时一些医学著作中有记载。如东汉张仲景《金匮要略方论》中有关于食兔肉的禁忌，《中藏经》中有用"兔粪二两"作药的药方[1]。兔子本身的医用价值，令人们产生此想象。

玉兔因为能制灵药，成为西王母的侍从之一；通过这一位主人，而与蟾蜍乃至月亮发生了关联。又因嫦娥成为月亮的掌管者，从而玉兔的主人也由西王母变为了嫦娥。

---

[1]（汉）华佗著，（清）孙星衍校：《华氏中藏经》卷下，商务印书馆，1956年，第46页。

（三）宗教仙话对原始神话的取代

月中神与神兽图像变换的过程背后，是思想观念的变化在起作用。也就是说，这是由半人半动物女神和蟾蜍所代表的原始神话系统，被由嫦娥和玉兔所代表的宗教仙话系统日益取代的结果。

在汉代，月神既被刻画为人身长尾的形象，她是早期神话中人与动物混杂的原始记忆留存，又有对偶神日神与之匹配，这一图像组合表现出浓厚的生殖崇拜色彩。月中兽蟾蜍多产，且和玉兔都曾是西王母的侍从。西王母除了握有不死灵药，象征长生，也有象征生育的九尾狐作为侍从，还有对偶神东王公与之相配，也具有世俗人情的一面。

由此可知汉代的神仙、神兽并非隔绝人间烟火，他们既因所拥有的飞升、长生等神奇力量而超凡脱俗；同时又具有乐生、男欢女爱的世俗欲望与情感，整体形象是热气腾腾、血肉丰满的。所以他们能够理解、共情世人的哀愁与爱欲，并且为之提供庇护助佑，从而受到追随与崇拜。

东汉以后，道教体系日趋成熟，除了创造新的神仙，也吸纳了许多远古的神话人物加以改造，使之符合自己的教义所需。嫦娥即一例被仙化的形象，她飞升奔月的传说符合道教对羽化登仙的想象。当她被改造作道教仙谱中的太阴月仙时，也就从早期神话中充满人性弱点的女子，变为了一名没有七情六欲的仙人。

冬去春来日复一日，月宫的情形既永恒又刹那：青春的仙女永远独坐，她不再需要易惹动凡念的蟾蜍，而只需提供灵药的玉兔陪伴左右；壮年吴刚也只会如西西弗斯推石头上山一样，砍那株永不倒下的桂树。他们不再意味着女人和男人，而是天律清规的代言人。时间在月宫里是不存在的，在吴刚抡起又砍下斧头的瞬间，在玉兔捣动玉杵的瞬间，世上已千年。

然而仍然有"嫦娥应悔偷灵药，碧海青天夜夜心"，"白兔捣药秋复春，嫦娥孤栖与谁邻"一类的诗歌出现并流传，它们是月宫仙曾经那样鲜活人性的回响，昭示着她的来时路。

八 从蟾蜍到玉兔——月亮神兽变形记

时空再继续轮转，关于月亮女神和神兽的故事，在一代代人的神话、宗教和诗歌中穿梭。从蟾蜍到玉兔，从半人半兽月神到嫦娥，变换的不仅仅是一个文化符号，更是背后的思想观念。

今时今日，现代人虽然会流连于嫦娥传说的奇幻，但那只是对先人出色想象力与文化感觉的欣赏与景仰。我们选择"与其在悬崖上展览千年，不如在爱人肩头痛哭一晚"的酣畅淋漓，更愿意走进内心，丰富和滋养自身的情感体验。

不过无论关于月亮的传说如何变化，千百年来我们与古人所共享的始终是一个月亮。她是躁动喧沸白日后一抹宁静的妩媚，是变幻无常人生里一个沉着的守望。一旦抬头望见晶莹的月，沐浴在她的皎然光辉中，古今之人都会不约而同一洗倥偬光阴中的劳瘁郁闷，默默引出旧情的缠绵，感受心头的澄明。

当个体与自己心灵进行对话，注重心灵的感受，也就是文明史的进步。

九

猴子为什么是多个民族的吉祥物

九　猴子为什么是多个民族的吉祥物

"巴东三峡巫峡长，猿鸣三声泪沾裳。"人与猿猴的相感，是古代的一种文化传统。汉代造型艺术呈现过多种猿猴形象，或惹人莞尔或让人回味，更令人惊讶的是猴子这一汉文化中的寻常动物，竟也常见于北方草原文化、西南滇文化等，在其他文化中被视作一种吉祥物。

在先秦秦汉不同地区不同民族中，猴子有什么样的独特文化内涵？不同文化圈的猴文化有过哪些精彩的碰撞？产生过哪些令人难忘的艺术品，又在岁月波影深处留下了怎样的动人图像记忆？

汉代以前的猴文化

猴是汉文化十二生肖动物中的一员，向来被视作灵敏聪慧的象征。这一文化意识最早见于湖北云梦睡虎地11号秦墓竹简《日书》甲种中，它是最早较系统地记载十二生肖的文献，提到过"环"（音猨，即猿）。先秦文献如《山海经》《尔雅》《楚辞》等也记载过猿猴[1]。

当然猿猴与人类缘起更早，其艺术造型可追溯至新石器时代。

20世纪70年代湖北天门邓家湾遗址出土一批红陶动物，其中有一件陶猴，长6.5厘米，宽2.4厘米[2]。陶猴的两前肢捧一物举在胸前，两后肢分开，以类似箕踞的姿态坐在地上，呈现出早期艺术不拘于礼法的一派天然特色。

商周玉器、青铜器上也出现过猴子图像。据文焕然先生介绍，甲骨文中记载过猴[3]。

---

[1] 何业恒：《试论金丝猴的地理分布及其演变》，《中国历史地理论丛》1991年第4期。
[2] 刘安国：《天门石家河出土的一批红陶小动物》，《江汉考古》1980年第2期；武仙竹：《邓家湾遗址陶塑动物的动物考古学研究》，《江汉考古》2001年第4期。
[3] 文焕然、何业恒、徐俊传：《华北历史上的猕猴》，《河南师大学报》（自然科学版）1981年第1期。

可知汉代以前的文献和造型艺术对猿猴已经多有关注。既然前期已有深厚的文化积淀，那么汉代的猿猴艺术又有哪些形式上的突破，其含义有哪些拓展呢？

猴形器物

汉代艺术与战国时期的艺术有着千丝万缕的联系，很多题材脱胎于战国时期。比如战国的铜猴艺术对汉代猴形器物有直接影响。

战国艺术开始突破商周艺术的神圣化属性，承载了更多的世俗功能。虽然流传至今的仍然是贵族才能消费的精致艺术品，可它们已经开始沾染人气，其题材、造型不再遥在云端拒人千里，而与日常生活多了牵连、变得亲近。铜猴艺术亦如是。

战国时期在北方草原地区流行一种骑马青铜饰。有部分学者认为骑马者是人，是西周至战国晚期草原骑士的形象；但邢义田等学者则考证骑马者是猴子[①]。如两件鄂尔多斯地区出土的战国青铜带钩，一件钩身浮雕一匹正在奔腾的战马，马背上一勒着缰绳的骑马者侧身正面迎向观者；钩尾狭长（图9-1）。另一件形制与之相似，只是钩尾略短，钩身残留有朱砂点，背面圆钮上有图案（图9-2）。有研究称之作"胡人骑马形青铜带钩"，但细究骑马者的面部特征，则发现更近似于猿猴：头呈圆形，大眼突吻，所以称之为"猴骑马形青铜带钩"可能更为合适。

猴骑马铜饰件流传久远，除了影响汉代，还一直延续到清代。比如中国国家博物馆藏一件南北朝猴骑马铜饰件，通高4.9厘米，长4.7厘米（图

---

① 邢义田：《"猴与马"造型母题——一个草原与中原艺术交流的古代见证》，载入氏著《画为心声：画像石、画像砖与壁画》，中华书局，2011年，第514—544页。

九 猴子为什么是多个民族的吉祥物

图9-1 鄂尔多斯猴骑马青铜带钩

正面　　　　　　　　　　　　　背面

图9-2 鄂尔多斯猴骑马青铜带钩

9-3）。马静立，鬃毛丰厚而高扬，马尾根部略向上伸，尾毛下垂；马上骑坐的猴子形象特征明显，圆头、圆眼、突吻，背部弯弓，右前肢持着缰绳，左前肢托腮，后肢跨坐在马背上。

带钩是古代一种束在腰带上的饰品，功能类似于今天的皮带扣。早在新石器时代，已有玉质带钩出土；春秋时期，带钩已经普及至各地，其常见的材质包括铜、金、玉等；战国时期带钩的制作工艺尤为出色，其造型之丰富生动为汉代带钩艺术奠定了深厚基础，其中洛阳、曲阜鲁国故城皆出土一种猴形铜带钩。

猴形图像还装饰着当时的灯具。出土于战国中山王厝墓，收藏于河北博物院的一座十五连盏灯，充分展示了当时灯具的最高技艺水平（图9-4）。

图9-3　中国国家博物馆藏南北朝猴骑马铜饰件

图9-4　河北博物院藏战国十五连盏灯及其局部

九　猴子为什么是多个民族的吉祥物

这种分层装有多枚灯盏的多枝灯，一般为贵族专用。这座十五连盏灯的灯座表面镂空雕夔龙纹，底部有三只衔环的老虎作为器足托起灯座；灯体中央有一主灯柱，沿着它从下往上分为七层，每层两两相对延展出两条灯枝，十五个灯盘被错落有致地安置在七层分枝与主灯柱顶上。更为有趣的是，灯柱上缠绕着游龙、栖息着飞鸟、攀援着群猴，此灯枝化作树枝，成为动物的乐园。猴子的数量最多，只见它们在树枝上或是昂首俯身爬行，或是蹲坐着四处打望，或是单臂攀枝身体悬空而挂，尽显其灵活敏捷的身手，它们的姿态各异、生机勃勃。树下灯座上立有两人捧着食物，正向树上抛食戏猴，欲引猴来食。

不难想象，此灯上的十五个灯盘一旦被点燃，火苗照耀着灯柱上的动物、人物，仿若给他们注入了灵魂，使之具有了生命，一时间，观者仿佛可以听到人语、龙吼、鸟鸣与猿啼声交融在一起，声声入耳，韵味悠远有如空谷回音。而灯光上下摇曳、交相辉映，将会呈现出怎样的一树灿烂的火花？《初学记》卷二五引傅玄《朝会赋》："华灯若乎火树，炽百枝之煌煌。"[1]便是这种视觉效果的写照。

中山国的铜猴造像艺术被传承下来，如河北满城一号汉墓中出土一件铜质花形悬猿钩，形象与之相近。此钩通高13.3厘米，设计得非常精巧：钩把设计作一朵倒挂的盛开花朵形状，共有四片花瓣，花瓣与花瓣之间各伸出一个柔曲向上的长钩；而花蕊下还倒悬着一只长臂猿，它的右前肢、右后肢连接在花蕊上，左前肢向下伸探，左后肢抬起，其左臂线条纤长而流畅、自上而下又弯曲作一钩，极富设计感。猿和花蕊可以转动，方便使用（图9-5）。二号汉墓也出土一件类似的猿钩，却仅存猿体部分，长7.2厘米。

汉代云南滇文化墓中也常出土铜质猴形器，如铸有猴图像的铜扣饰、兵器和贮贝器。

晋宁县（今昆明市晋宁区）石寨山汉墓出土、现藏于中国国家博物馆的

---

[1]（唐）徐坚等：《初学记》卷二五，中华书局，1962年，第615页。

图9-5　河北满城一号汉墓花形悬猿钩

一件猴形柄剑，身长27.3厘米，柄长9.4厘米，柄下部形似铜鼓，铜鼓上蹲踞着一只空心圆雕的猴子。猴子圆头、大眼、突吻，双乳及腹部下垂，双臂垂下支撑在铜鼓上，后肢蹲踞（图9-6）。

又如一件江川县（今玉溪市江川区）李家山出土、现收藏于云南省博物馆的铜剑，形制相似，柄部及刃部后端有浮雕的站立猿猴像，两猴皆圆头、大眼、长齿、巨型嘴（图9-7）。

早期有称这种剑上的猴图像为"猎头"[1]或"人"的，可后来的研究多认作为是猴，称这种剑为猴柄剑[2]。

汉代还有出自河南偃师的陶猴、甘肃武威的木猴。武威汉墓的木雕动物非常出名，或许是当地干燥的天气所致，这些木雕大多保存较好，往往以极其精炼的刻法活灵活现地雕刻出动物轮廓。

如1957年甘肃武威磨嘴子汉墓出土一只木猴，高11.7厘米，身上饰有墨线条以示毛发。木猴身形瘦削，跪坐于地，圆头，双耳竖立，大眼突吻，肩部耸起，左前肢支撑于地，右前肢上举，爪轻靠着嘴（图9-8）。木猴的线

---
[1] 中国青铜器全集编辑委员会：《中国青铜器全集》第14卷《滇昆明》，图版说明。
[2] 杨勇：《论滇文化器物上的猴装饰》，《文物》2020年第7期。

九　猴子为什么是多个民族的吉祥物

图9-6　云南昆明晋宁石寨山汉墓出土猴形柄剑

图9-7　云南玉溪江川李家山出土猴形柄剑

图9-8　甘肃武威磨嘴子汉墓出土木猴

图9-9　甘肃武威磨嘴子汉墓群出土彩绘木猴

条简练，虽然只大致雕刻出猴子的轮廓，却极为传神地表现出它的机警。

　　类似的如武威磨嘴子汉墓群出土的另一只彩绘木猴，它现藏于甘肃省博物馆，宽17.3厘米，高32.5厘米（图9-9）。猴身底色乃木头原色，上施黑、白、红三彩，猴右臂抬起挠着后脑勺，身体蜷缩，后肢蹲踞。

151

猿猴画像石

汉代画像石上的猴图像很常见,根据其组合形式,大致可分为猴与马、猴与楼阁、猴与神树、猴与其他神兽相组合四类。四类图像形式各异,也各有不同的含义。

(一)猴与马组合的画像石

第一类猴与马组合的图像不仅见于前述铜饰件上,也见于画像石上。

如出土于四川成都曾家包汉墓的一块画像石,石面刻织布、拴马、牛车载物、制酒等生活化场景(图9-10)。其中马被系于马柱上,马柱下方设置有马槽,马槽上一只猴子正在跳跃,正面向马首嬉戏;马身后有一辆卸下的车。

(二)猴与楼阁组合的画像石

第二类猴子与楼阁相组合的画像石集中在鲁南、徐州一带。汉代这一

图9-10 四川成都曾家包汉墓画像石拓片

片区域的楼阁画像石极为流行，可能与当地经济发达、儒风盛行，人们生活水平较高、有条件修建大型房屋的现实情况有关。这类画像石也见于陕北，陕北画像石可能受到山东、徐州的影响。

如山东济宁嘉祥满硐乡（现为满硐镇）宋山2号汉墓出土的一块画像石，画面分作上下两层，上层为带双阙的楼阁图像，下层为车马出行图。上层画面的左侧，有一株栖息着飞鸟的合欢树，树下立一名持弓箭的射手，并停一马；主体画面上的楼阁分为上下两层，下层为主人接受宾客拜谒的图像，上层乃两位高贵夫人并坐，旁边环绕着侍女的图像，楼阁顶为庑殿顶。在屋顶正中央蹲立一羽人，左右各有一只毛羽华茂的凤鸟，羽人正面左饲凤。屋顶正脊的左右两端向上翘，翘起部分为三角形，在左翘角内侧有一只猴子，弓身向左，左前肢扶着左翘角，右前肢向前伸去，两后肢立地；右翘角上则侧立一只鸮鸟。另外在楼阁两旁的双阙顶上，也各有一只猴子，弓身爬行，四肢纤细，前肢扶着阙顶尖的位置（图9-11）。

又如20世纪50年代江苏徐州洪楼收集的一块纺织画像石，高0.98米，长2.2米，上方有残缺，左、右、下三方有条纹带，石面画像分为上下两层，上层为拜谒人物故事图，下层为纺织图。下层画面左右各有一座厅堂式样的建筑，左堂内有踏机织布和摇纱的妇女，屋顶有一对猴子左右相对，室外有建鼓、跳丸、倒立、杂技等表演；右堂内坐有五人、立有三人，屋顶栖息着瑞鸟，画面背景点缀着云气纹（图9-12）。

（三）猴与树组合的画像石

第三类猴与树组合的画像石较常见，因为猴子本就以树为居，猴在树上的这类画像石正是它生活习性的写照，属自然现象。但有一类树木图像明显是神树，猴子与之相组合，可能别有寓意。

如一块山东微山两城镇出土的画像石，石面画像分作上下三层，从上往下依次为一列神兽图、人物端坐成一排等候人首鸟身神针灸的图像，以

图9-11 山东济宁嘉祥满硐宋山2号汉墓画像石拓片

图9-12 江苏徐州洪楼画像石拓片

及两株合抱神木的图像。在下层的画面上，中央两株大树木的枝条相互缠绕在一起，树下停有一羊一马，两名射手持弓朝上射鸟，两树的树干之间还坐有一人；两棵树树冠顶上环绕一群猴子，它们大多两两相对弓身立于树顶，天空中还飞翔着几只飞鸟（图9-13）。此石刻画的两株树造型奇特，与之相组合的动物乃至人物似乎都不同凡响，使得这两棵树充满了奇幻色彩，可能是某种神木。

九　猴子为什么是多个民族的吉祥物

与之相似的如甘肃酒泉丁家闸5号墓前室南壁所绘的一棵枝繁叶茂大树，树下有一裸女似在劳作，树上有一猴两鸟（图9-14）。树上猴手舞足蹈，恰好置身于女子顶上，好像正从上往下窥视女子。韦正先生考证该墓的年代可能为西凉时期（400—421），壁上的这棵树可能是社树，猴子乃猴精，而女子则本与地母之性相同相通，在此是与猴精相配的存在，此壁画反映的是土地崇拜和生殖崇拜[①]。

图9-13　山东微山两城镇出土画像石拓片　　图9-14　甘肃酒泉丁家闸5号墓前室南壁壁画局部

（四）猴子与其他动物组合的画像石

第四类猴子与其他动物相组合的画像石则在几大汉画像区都有出土。

如一块河南南阳方城出土的画像石，画面横向，主体图像为一虎与一牛相对而斗（参见图4-5）。牛在右边，身形下压，低头向前冲，头顶一对尖角弯如月牙，向前抵虎，三蹄撑地，左后蹄抬起，露出生殖器，后有一戴尖

[①] 韦正：《不同寻常的社树图：酒泉丁家闸5号壁画墓年代及社树图内容分析》，载入氏著《将毋同：魏晋南北朝图像与历史》，上海古籍出版社，2019年，第18—33页。

顶帽的胡人正伸刀阉割它的生殖器;虎在左边,后肢立地,前半身腾空向前扑向牛,虎目圆睁,开口露舌,前肢伸向牛角,作势怒吼,虎尾上扬,恰好被一只猴子捏住。猴子右后肢立地、左后肢腾空,向前朝上跃,突吻张开,左前肢握住老虎尾巴,后者却浑然不觉,可以想象猴子的轻巧敏捷。

这块画像石既将虎牛相斗的激烈场面表现得扣人心弦,又别出心裁额外安排了胡人阉牛与顽猴摸老虎尾巴的轻松幽默场景,使得画面一紧一松、张弛有度。

浙江海宁长安镇海宁中学内出土的汉墓东耳室北壁西侧画像石,高1.05米,宽0.26米(图9-15)。石面纵向刻一顶端带一斗三升斗拱的立柱,立柱有柱础,柱身上缠绕着盘龙,在重拱一侧有一只单臂挂悬在斗拱上的猴子,尽显其轻巧之态。龙与猴的组合为立柱增添了神奇色彩。

四川内江岩边山三号崖墓左壁正中刻一株大树,繁茂的枝叶间掩映着仙鹤与群猴(图9-16)。有的猴子蹲踞在树上,挥舞着前肢;有的单臂悬

图9-15 海宁中学内出土汉墓画像石拓片

图9-16 四川内江岩边山三号崖墓画像石拓片

挂在枝干上，另一只手臂伸向下面的同伴；下面一只猴子挥臂向上与之呼应。崖壁上栩栩如生的画面复原了蜀地风光：在阳光与茂林之间，万物生机勃勃地生长，群猴在树木之间跳跃穿梭、游荡嬉戏，尽显一派生机勃发之景。

汉代猴子的文化含义

汉代人喜欢猴子，比如百戏中有专门的猴戏，说明猴带给人们许多欢乐。而通过前述各类猴形器物与图像可知，先秦以来，人们对猴子的生理特征、生活习性等已早有近距离的观察和了解，并且赋予了猴子较为特殊的含义与情感。

（一）生存纪实与聪慧表现

先秦以来，人们既如实记录猿猴的生存环境，又在艺术中表现其聪慧的一面。如《楚辞·九章·涉江》云："深林杳以冥冥兮，猿狖之所居。"点明猿猴所居乃幽远深冥的山林。《水经注·江水》引晋袁山松《宜都记》描述猿猴乃一绝：

自黄牛滩东入西陵界，至峡口百许里，山水纡曲，而两岸高山重嶂，非日中夜半，不见日月。绝壁或千许丈，其石彩色，形容多所像类。林木高茂，略尽冬春，猿鸣至清，山谷传响，泠泠不绝。所谓三峡，此其一也。[①]

[①]（北魏）郦道元著，陈桥驿校证：《水经注校证》卷三四《江水》，中华书局，2007年，第793页。

三峡水流，长江两岸重峦叠嶂、茂林绵延，山林掩映间传来猿声啼鸣不绝，鸣声清幽，在山谷间久久回荡。此法并不直写猿猴形貌，颇有"只闻其声，不见其形"之笔意，却令三峡猿猴深入人心，难以忘怀。

南朝萧铨又作有《夜猿啼诗》：

桂月影才通，猿啼迥入风。隔岩还啸侣，临潭自响空。
挂藤疑取饮，吟枝似避弓。别有三声泪，沾裳竟不穷。[1]

猿啼成为古代文化里的一个经典意象，后来还出现了"两岸猿声啼不住，轻舟已过万重山"的绝唱。

猴子的敏捷聪明被人欣赏，古代造像艺术中格外突出它的姿势灵动，以表明其不俗的智力。

从战国中山王𰯼墓中十五连盏灯上援木而荡的猴群，到满城汉墓所出铜挂钩上倒挂悬空的猴子，到武威磨嘴子汉墓中握嘴跪坐的木猴……它们或动或静，或在云间呼朋引伴、如风飞荡，或在地面机灵打望、随时反应，无一不生动自然地刻画出其敏锐的天性。

《韩非子·外储说左上》中讲述了一个类似于"皇帝新衣"的故事。说燕王嗜好微巧之物，卫国一个工匠投其所好，自称可以在植物尖刺的顶端雕刻出母猴，燕王大喜，即刻重赏之。可是这只"棘刺母猴"却是无法赏玩的宝贝，因为卫人给燕王提出了难以达到的条件：戒色、酒、肉，以证其虔诚，全部做到后，方可挑个黄道吉日请燕王观赏。所幸一名郑国铁匠识破了卫人的奸计，使之落荒而逃，为燕王挽尊。棘刺刻猴虽是一个谎言，却也可推知当时人以为猴子是灵巧之物，才好刻之于棘刺上，并为好微巧的燕王所喜。

《华阳国志·南中志》载永昌郡产"猩猩兽，能言，其血可以染朱

---

[1]（唐）徐坚等：《初学记》卷二九，中华书局，1962年，第722页。

閾"①，认为猩猩能说话，可谓是高度肯定其智力。曹植《蝉赋》曰"姿才捷于猕猴。"《白马篇》曰"狡捷过猴猿，勇剽若豹螭。"②以猿猴作比，形容被比者的身手敏捷矫健，也可知当时人对猿猴敏捷特性的认识。即使是阮籍《猕猴赋》，虽以批评猕猴为主，却也不得不认可其"姿便捷而好技"。

当然，先秦秦汉故事中的猴子也有聪明过了头的一面。《庄子·齐物论》引《列子·黄帝篇》里"朝三暮四"的故事，即猴子与养猴人谈判如何分配栎子，虽借此诠释"齐一"，却不免贻笑。

《史记·项羽本纪》载项羽灭秦以后，极度膨胀，有智者建议他依旧定都于地势重要、土壤肥饶的关中，却遭到一心想要荣归故里的项羽的拒绝，因此智者讥讽他"沐猴而冠"，其语锋之绝俏可谓是千古无两。

总之，猿猴的机敏聪慧得到了公认，古今一致认为它们是智力较高的动物。

（二）马上封侯与"弼马温"

猴音"侯"，汉代造型艺术中的猴子图像可能有封侯的象征含义，这在猴子与楼阁相组合的图像中表现明显。

前述出自济宁嘉祥2号汉墓、徐州洪楼的画像石上，楼阁或者厅堂修筑得美轮美奂，象征希望墓主人在死后世界依旧享受与活着时一样富贵的生活。建筑的屋顶上皆有猴子，它们与凤鸟、羽人等相组合，寓意吉祥，体现了希望墓主人能够庇佑后人封侯发达的心愿。这些都是当时人普遍的建功立业、家族兴旺的世俗愿景。

而有的单纯的猴骑马图像，特别是出自草原地带的图像，已由邢义田、韦正等学者考证，可能其含义与"马上封侯"不同。早在汉代，草原

---

① （晋）常璩撰，任乃强校注：《华阳国志校补图注》卷四《南中志》，上海古籍出版社，1987年，第285页。
② （三国魏）曹植著，赵幼文校注：《曹植集校注》，人民文学出版社，1984年，第93、412页。

游牧民族中关于猴子能防马疫的信仰传入中原，因此这一图像或许还带有压胜牲畜的疾病、起到保护作用的含义[1]。

《晋书·郭璞传》记载西晋惠、怀帝之交时，天下将乱，郭璞为躲避战乱逃亡东南，想要投奔赵固将军，不巧恰逢赵将军因爱马死了心情欠佳不见客，门吏因此也不敢替郭璞去报信。于是郭璞对门吏说："我能使将军的爱马死而复生哦！"门吏一听心里盘算：如果是对方骗人，自己去报信大不了被骂一通；可若是真话，那岂不是大功一件？便真进去通报了主人。谁知赵固当真忙不迭赶出来，请教方法。郭璞倒也不慌不忙，信心满满地教赵固如何如何。赵固将信将疑地照办，派出二三十个壮丁，持长杆往东行三十里，到了山下的社庙，便挥杆拍打，惊吓出一物，迅猛捕捉将它带回，并将它放到死马处。接下来更神奇的一幕发生了，此物一见到死马，便对着马鼻子吸气，顷刻间马居然真的活了过来，奋蹄奔腾，咴咴嘶鸣，进食饮水一如寻常，让观者大为惊奇，只是不觉那物已悄悄消失不见……

故事里那个神秘的能治马疾的神物，其实是猴子。类似的故事还见于《搜神记》等。这一观念可能来源于北方草原民族，且影响深远，比如到《西游记》中都还有玉皇大帝封孙悟空为弼马温、命其饲养天马的情节。

而这一图像早于文献出现，比如前述战国时期、汉代都有猴骑马的器物和图像，它们可能是猴子治马病、防马疫信仰的体现。

（三）生殖崇拜与升仙信仰

猴子在汉代西南地区的文化中可能带有生殖崇拜的含义。

汉代云南滇文化墓葬中常出土漆木祖，有的祖器的柄刻作猴形。杨勇先生推测这种猴形装饰可能含有与生殖崇拜相关的信仰因素，滇人认为猴

---

[1] 邢义田：《"猴与马"造型母题——一个草原与中原艺术交流的古代见证》，载氏著《画为心声》，第514—544页；韦正：《不同寻常的社树图：酒泉丁家闸5号壁画墓年代及社树图内容分析》，载氏著《将毋同：魏晋南北朝图像与历史》，第18—33页。

具有较强的繁殖能力，可借助其力量来促进人的生殖与繁衍，也祈愿生产丰收，特别是禽畜兴旺。[1]

蜀地则流行着白猿抢亲的传说。《搜神记》卷一二载：

> 蜀中西南高山之上，有物与猴相类，长七尺，能作人行，善走逐人，名曰"猳国"，一名"马化"，或曰"玃猿"。伺道行妇女有美者，辄盗取将去，人不得知。若有行人经过其旁，皆以长绳相引，犹故不免。此物能别男女气臭，故取女，男不取也。若取得人女，则为家室。其无子者，终身不得还。十年之后，形皆类之。意亦迷惑，不复思归。若有子者，辄抱送还其家。产子皆如人形。有不养者，其母辄死。故惧怕之，无敢不养。及长，与人不异。皆以杨为姓。故今蜀中西南多诸杨，率皆是"猳国""马化"之子孙也。[2]

两块四川成都新津崖墓石函上的画像石，其图像相似，主体画面皆为两人在追赶一只猿猴。猴子在前面龇牙咧嘴，挥舞手臂，拔足飞奔。不同的是第一石左端坐着一人，而第二石左侧的猿猴身上驮有一人（图9-17、9-18）。一般认为这两幅画像反映的是猴戏场景，而巫鸿先生则认为它们恰是猴精劫持妇女传说的写照[3]。

再者前述酒泉丁家闸5号墓前室南壁所绘的猴子，经由韦正先生考证可能是猴精，它与其下的女子相配，反映一种生殖崇拜。

几则图文材料相结合可知，在汉代可能已经形成了猴子象征生殖的观念，能够保佑人们繁衍不息。

至于树上的猴图像，如前述山东两城山画像石，既然画面上的树可能是神木，那么攀援在上的猴子凭高远眺，就可能被当作是有神力的祥瑞之

---

[1] 杨勇：《论滇文化器物上的猴装饰》，《文物》2020年第7期。
[2] （晋）干宝撰，贾二强校点：《搜神记》，辽宁教育出版社，1997年，第87页。
[3] 巫鸿：《汉代艺术中的"白猿传"画像：兼谈叙事绘画与叙事文学之关系》，载氏著《礼仪中的美术：巫鸿中国古代美术史文编》，生活·读书·新知三联书店，2016年，第186—204页。

图9-17　四川成都新津崖墓石函画像石拓片

图9-18　四川成都新津崖墓石函画像石拓片

物,可以帮助墓主人实现通灵升仙的愿望。《抱朴子内篇·对俗》曰:"狝猴寿八百岁变为猿,猿寿五百岁变为玃,玃千岁。"[①]在古人看来,猿猴善变、长寿,与仙家无异,具有通灵的特性。

从自然写实地描绘其聪明活泼,到赋予它象征封侯、繁衍子孙、帮助升仙等吉祥瑞意,并且关注到它可能具有防治马疫等医学功能,汉代人对猿猴的观察与想象反映出他们的心理诉求与时代认识力。通过对汉代猿猴形象所带有的含义的分析,可据此洞察当时的社会心理与审美观念。至于出现刻意区分"猿""猴",并且美"猿"贬"猴"的意识,则是后话。

---

① (晋)葛洪:《抱朴子》,上海书店出版社,1986年,第8—9页。

九　猴子为什么是多个民族的吉祥物

汉代艺术中的猴形器物与图像，形象之俏皮无羁，造型之生动多样，充分体现出当时工匠技艺的高超、审美品格的不俗，也反映出当时人对猿猴文化内涵的丰富与拓展。

在这些艺术品身上，我们能够看到来自中原、北方草原以及西南地区等多个地域文化对猴子不同的认知，这些理解与想象又在彼此交流、相互作用，共同创造出璀璨且生命力恒久的猴文化。同时也能够感受到古人对智趣的推崇，幽默的一大来源是智力，所以在猴子造型艺术中我们既见识到造物之灵动，又体会到带着温情的妙趣横生。

猴文化的多重含义与意味长久地影响后世，我们今天对于猴子的喜爱之情，其实早在几千年前就已定调。汉代人早已为我们塑形了一只活泼机灵的猴子，永久地驻进民族的记忆与智慧当中。

十

镌刻在葳蕤鸟羽上的缱绻情思

十　镌刻在葳蕤鸟羽上的缱绻情思

  古人有"制器尚象"的传统，鸟很早便是制作器物时模拟取材的对象，或许是那羽翩飘飞、于天空中划下一道优美弧线的片刻，能够带给人无尽的超脱自由之感。那种徜徉的宁静、对于未知的想象，深深触动过先人，不会随着风远云逝而消失，反而在一代代人的记忆里烙下印记，成为我们民族自古以来不变的精神追求。

  秦汉器物多有塑作鸟形的，鸟形器所模仿的鸟类不一，造型各有千秋，羽毛被雕刻得葳蕤生光，令人赞叹。它们既如实记录下秦汉人的生物学知识，又反映了当时人对于鸟的喜爱。鸟形器与诸多精彩的鸟赋互为表里，图文辉映，体现着早期帝国飞扬华茂的精神风貌。

秦汉鸟形器

  秦文化崇尚武力，猛禽如鹰、鸮等受到推崇。甘肃礼县大堡子山秦公大墓遗址曾经被盗，流失金器32件，其中一对金鸱鸮形马冑饰由法国政府于2015年归还，现藏甘肃省博物馆。这对金饰塑作鸮鸟侧身形状，勾喙、环目，敛翅、屈爪，尾巴长垂在后方，全身饰有不规则的曲线，象征羽毛，金碧灿烂（图10-1）。

  秦文化也有超逸的一面，一些优雅水禽也为秦人所欣赏。比如西安秦始皇陵园K0007陪葬坑I区过洞出土46件青铜水禽，含鹤、天鹅、鸿雁三类鸟[①]。K0007陪葬坑位于古鱼池南岸，与鱼池的水资源有极强联系，共同营造出鸟与水相互依存、清幽空灵的生态环境。焦南峰先生认为K0007陪葬

[①] 陕西省考古研究所、秦始皇兵马俑博物馆：《秦始皇陵园K0007陪葬坑发掘简报》，《文物》2005年第6期。

驰骋三界——汉代神兽的图像世界

图10-1 甘肃礼县大堡子山秦公大墓马胄饰

坑"应是以'上林'为代表的秦林苑囿在陵区的具体体现"[1]。出土水禽的躯体内均空，外部姿态皆作一瞬间的动态。

如一只立姿的青铜鹤（K0007 I 区：26），通高77.5厘米，通长102厘米，通体残留少量白色彩绘。它立于一块镂空云纹长方形踏板上，纤长曲颈下伸至地面作觅食状，颈部弯成一条流畅弧线，尖喙中含一铜质虫状物；双翅收敛，后垂至尾，羽端刻画细腻；腿爪细长，一前一后微分轻踏。鹤从低处觅得食物后方欲抬首的刹那间轻倩身姿，被精准捕捉（图10-2）。

另一只卧姿天鹅（K0007 I 区：4），通高39.5厘米，通长91.5厘米，形体丰满，呈平卧状，可能表现的是它浮于水面的情形。天鹅修长的颈部上昂，头喙又低俯向前伸，曲颈呈"S"形；喙扁长合拢；左翅覆压着右翅收于尾后，翅尖微翘；两腿爪收于腹下，爪趾间有蹼。天鹅休憩时的慵懒闲适被描摹得活灵活现（图10-3）。

汉代也有天鹅器物。广州西汉南越王墓西耳室出土一件骨雕天鹅，高1.4厘米，宽1.4厘米，厚0.25厘米，重0.15克。天鹅头部微凸，可能是为表现羽冠；曲颈回首，长喙微开，衔住展开高扬的左翼；右翼半垂，右足弯曲，左足伸直，尾巴点地，如此尾巴便与双足形成稳固的三角，支撑身体。这只微雕天鹅形状虽小却栩栩如生，线条简练而有力，于拙朴中勾勒

---

[1] 焦南峰：《左弋外池——秦始皇陵园K0007陪葬坑性质蠡测》，《文物》2005年第12期。

图10-2 秦始皇陵园K0007陪葬坑I区过洞出土的青铜鹤

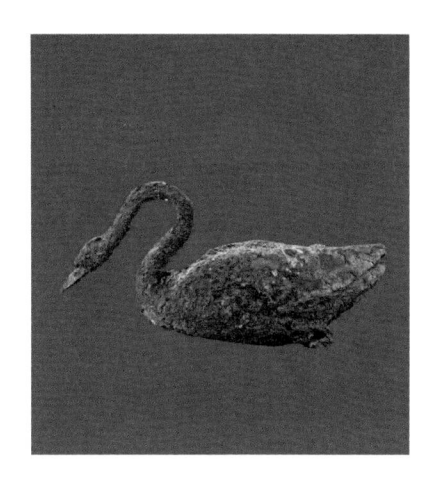

图10-3 秦始皇陵园K0007陪葬坑I区过洞出土的青铜天鹅

出天鹅雄姿英发、奋力振羽的气势（图10-4）[1]。

鸠鸟有特殊含义。《续汉书·礼仪志》曰："年始七十者，授之以王杖，哺之糜粥。八十九十，礼有加赐。王杖长（九）尺，端以鸠鸟为饰。鸠者，不噎之鸟也。欲老人不噎。"[2]人们认为鸠鸟进食时不会被噎住，因此常用鸠首形象来装饰手杖杖头，此杖即"鸠杖"，专赐予年过七十的老人，寄寓祝福老人进食顺利、身体健康之义。

河北满城西汉刘胜墓后室出土一件铜鸠杖首，鸠头高抬，长喙，圆眼，颈部作椭圆形銎，原本的杖身已朽（图10-5）。类似的鸠杖实物见于1959年发掘的武威磨嘴子汉墓，该墓出土3根鸠杖，同时还伴出木简10枚。木简内容为汉宣帝、成帝时关于"年七十受王杖"的两份诏书，记录了受杖老人享有的特权及其受辱后、裁决犯罪者的规定，反映了当时社会对于年老者的保护与尊敬。

---

[1] 广州市文物管理委员会、中国社会科学院考古研究所、广东省博物馆：《西汉南越王墓》（上），文物出版社，1991年，第140页；西汉南越王博物馆：《西汉南越王博物馆》，广东人民出版社，2017年，第125页。
[2]《续汉书·礼仪志》中，见《后汉书》志第五，中华书局，1965年，第3124页。

驰骋三界——汉代神兽的图像世界

图10-4　广州西汉南越王墓出土骨雕天鹅　　　图10-5　河北满城西汉刘胜墓出土铜鸠杖首

鸳鸯已为汉代人用以象征男女之情。汉诗云："客从远方来，遗我一端绮。相去万余里，故人心尚尔。文采双鸳鸯，裁为合欢被。著以长相思，缘以结不解。以胶投漆中，谁能别离此。"①文辞之曼妙，情感之缠绵，穿越千余年依旧感人至深。

1996年发掘的西安尤家庄67号东汉墓出土3对形制相仿的陶鸳鸯，模制，每对鸳鸯皆并排、身体相连。鸳鸯形状小巧，如标本M67：37仅长3厘米、高1.8厘米，尖喙，敛翅，平底，似乎正浮游于水面，两相偎依（图10-6）②。

山东淄博临淄西汉齐王墓随葬坑出土一件金箍青铜戈，长胡三穿，援微曲。内上近胡处贯穿一筒形金箍，顶饰一只回首鸳鸯（图10-7）。鸳鸯头饰一簇冠羽，向后飘拂；曲颈回顾，圆形的双目突出，扁喙低垂轻梳身上毛羽；颈部刻一圈椭圆形羽毛，双翅收敛在两旁，羽翼丰茂，连同尾羽共有三四层，层层叠叠，或长或短，或如花瓣微绽，或若排云铺陈，两爪

---

① （南朝陈）徐陵编，（清）吴兆宜注、程琰删补，穆克宏点校：《玉台新咏笺注》卷一，中华书局，1999年，第4页。
② 西安市文物保护考古所：《西安尤家庄六十七号汉墓发掘简报》，《文物》2007年第11期。

十　镌刻在葳蕤鸟羽上的缱绻情思

图10-6　西安尤家庄67号东汉墓陶鸳鸯（M67：37）线图

图10-7　山东淄博临淄齐王墓随葬坑出土金簂青铜戈

相交而卧，意态雍容而娴雅。金簂之明亮映衬着铜戈之苍冷，鸳鸯之娇媚反衬着冷兵器之刚硬，参差间尽显汉初之风流。是什么样的匠心才会想到这样的组合，才懂得给残酷厮杀带去一抹浪漫情怀呢？

鸿雁很早就为人们所喜爱，它只择一偶，被人视作忠贞的代表，早在《礼记》中就被当作婚礼时必需的圣物。雁形缸灯在汉代很常见，更有趣的是一种铜雁足灯。

1975年江苏扬州邗江甘泉一号东汉墓出土一件铜雁足灯，通高14厘米，盏径11厘米，盘径24厘米，圆环状浅槽的灯盏，一只铜质挺立大雁足为灯架，下方灯托为一圆盘，托盘口沿处铸有篆书铭文"山阳邸铜雁足短镫建武廿八年造比廿"，为"雁足灯"的定名提供了实证依据[1]。相似的雁足灯见于江苏盱眙大云山1号汉墓刘非墓中[2]（图10-8）。考古资料显示，铜雁足灯主要见于汉代高等级墓葬中。

---

[1] 文物编辑委员会：《文物资料丛刊》（4），文物出版社，1981年，第116—120页。
[2] 南京博物院、盱眙县文广新局：《江苏盱眙县大云山汉墓》，《考古》2012年第7期。

169

驰骋三界——汉代神兽的图像世界

图10-8　盱眙大云山1号汉墓出土雁足灯

汉代的神鸟图像

汉代也有许多神鸟图像，比如多头或多足神鸟、人首鸟身神、鸟首兽身神等图像，造型奇特，寓意神秘。

（一）多头与多足神鸟

汉代常见的多头鸟图像乃双头鸟、三头鸟。

徐州汉画像石艺术馆藏两块画像石，一块纵49厘米，横204厘米，厚45厘米，石面四周刻边框，横向刻图像，画面正中为一只双头鹭，左右两侧各有一只翼龙相向而对。双头鹭正面而立，两头相对，尖喙相接，双翼展开，尾羽垂下，其一身双头的造型充满想象力（图10-9）。

另一块画像石纵43厘米，横130厘米，厚32厘米，也四周刻有边框，画面左方刻一只双头鹭，右方则刻一只回首翼虎。这只双头鹭也作正面站立状，双翼高举，只是两头左右相背，口内各衔一粒仙珠（图10-10）。

十　镌刻在葳蕤鸟羽上的缱绻情思

图10-9　江苏徐州汉画像石艺术馆藏双头鹫画像石拓片

图10-10　江苏徐州汉画像石艺术馆藏双头鹫画像石拓片

图10-11　山东沂南汉墓中室隔梁石西面画像拓片局部

一个鸟颈上长有两个头，并非本土艺术中独有的图像，比如有学者即认为徐州画像石中的双头鹫应该是斯基泰文化中神兽格里芬的变体[1]。可此说存在争议，也有观点认为这种双头鹫是汉代画像石中接喙鸟、交颈鸟形象的变体，是一种吉祥的象征[2]。

又有一种双头凤图像。如山东沂南汉墓中室隔梁石西面画像上下刻三

---

[1] 杨孝军、郝利荣：《徐州新发现的汉画像石》，《文物》2007年第2期。
[2] 刘政：《徐州汉代画像石上的双头鹫形象初探》，《宁夏大学学报（人文社会科学版）》2017年第1期。

角形条纹边框，主体画面横向刻一列向左行进的神兽。神兽的造型各异，或昂首迈步，或回首咆哮，其行进的动态被表现得猎猎生风、呼啸如雷。其中一只双头凤昂首展翼，双头并列朝前，头顶翎毛飞扬，长尾高举，左爪立地，右爪抬起，神采煌煌（图10-11）。

《山海经·西山经》中记载有一种"蛮蛮"鸟，如凫，"一翼一目，相得乃飞"①。又《山海经·海外南经》中记载"比翼鸟"，吴任臣云此"即蛮蛮也"②。比翼鸟与画像石上双头鸟的形象近似，不过蛮蛮鸟"见则天下大水"③，墓室中若刻此鸟令人费解，故在此仅备一说。

图10-12　河南洛阳卜千秋墓墓顶脊砖壁画局部

还有三头鸟图像。如河南洛阳卜千秋壁画墓墓顶脊砖砖面上，横向绘有一长幅升仙图，画面左右各有月、日轮，旁边各自有其守护神——女娲和伏羲；画面中央是一长串五灵和墓主夫妇的飞升图，其中载着女主人的即一只三头凤④。凤鸟为朱色，肩上三条曲颈各长有一羽冠凤首，凤尾飘洒，背上驮有女主人（图10-12）。孙作云先生指出，此三头凤即《山海经·西山经》所记"鶘鶘鸟"：翼望之山，"有鸟焉，其状如乌，三首六尾而善笑，名曰鶘鶘。服之使人不厌，又可以御凶"⑤。

多足鸟以三足乌为代表，其形象与出现场合较为固定：往往出现在日轮图案中；或者在西王母仙境中，与西王母、神兽图像相组合。

山西吕梁离石马茂庄二号墓前室西壁左侧画像石的图像组合较为特

---

① 袁珂校注：《山海经校注》，上海古籍出版社，1980年，第38—39页。
② 袁珂校注：《山海经校注》，上海古籍出版社，1980年，第186页。
③ 袁珂校注：《山海经校注》，上海古籍出版社，1980年，第38—39页。
④ 洛阳博物馆：《洛阳西汉卜千秋壁画墓发掘简报》，《文物》1977年第6期。
⑤ 孙作云：《洛阳西汉卜千秋墓壁画考释》，《文物》1977年第6期；袁珂校注：《山海经校注》，上海古籍出版社，1980年，第57页。

别，主体画面分作上下四格，每一格均有一只大雁状鸟的侧面形象，背景饰以嘉禾或祥云纹。所不同的是最上第一格的鸟为正常形态，第二格的鸟只有一足，第三格的鸟为三足，第四格则为双头鸟形象（图10-13）。这四只鸟组合在一起，背景又为寓意吉祥的云纹或嘉禾，因此它们可能都是祥瑞的象征。

（二）人首鸟身神

汉代人首鸟身神图像见于多地，其含义各不相同。

这一图像较早见于河南洛阳壁画墓中，如洛阳金谷园新莽墓后室东壁壁眼绘一人首鸟身神，此神头部为一戴冠、长须的男子形象，曲颈以下为凤鸟躯体，双翼舒展，双足立地，身后五彩凤尾高傲上扬、流光溢彩间点点都是迷人的醉，壁画背景饰以云气纹（图10-14）[①]。与之相对的是一人首兽身神，被称作西方主秋的金神"蓐收"[②]。类似的人首鸟身神图像还见于洛阳西汉卜千秋墓门内上额梯形山墙正中的空心砖上（图10-15）。

图10-13　山西吕梁离石马茂庄二号墓前室西壁左侧画像石拓片

学界对于卜千秋墓中人首鸟身神的定名多有争议。较早是孙作云先生辨析此形象为仙人王子乔[③]，林巳奈夫先生则认为他是辟邪神"千秋""万

[①] 王绣、霍宏伟：《洛阳两汉彩画》，文物出版社，2015年，第125页。
[②] 王绣、霍宏伟：《洛阳两汉彩画》，文物出版社，2015年，第37、38页。
[③] 孙作云：《洛阳西汉卜千秋墓壁画考释》，《考古》，1977年第6期。

图10-14　河南洛阳金谷园新莽墓后室东壁壁眼壁画摹本（局部，王绣摹绘）

图10-15　河南洛阳西汉卜千秋墓门内上额梯形山墙空心砖画像摹本（局部，王绣摹绘）

岁"[1]，信立祥、贺西林[2]先生则认为此乃主生的东方之神勾芒，还有认为这是玄女等的观点[3]。我们倾向于信立祥先生的观点。《山海经·海外东经》曰："东方句（勾）芒，鸟身人面，乘两龙。"[4]

四川简阳鬼头山崖墓三号石棺上也刻有两名人首鸟身神的图像，榜题明确作"日月"，指日神和月神（参见图8-4）。四川画像石上的人首鸟身神明显有别于洛阳壁画上的图像。

山东画像石上也有人首鸟身神图像。比如一块微山两城镇画像石，石面画像从上而下分为三层，最上面一层为一列左行的独角神兽。第二层为一排并坐的戴冠着袍者，两两相对而语；右端第二的位置有一名人首鸟身神，他的头部为戴冠男子头像，颈部以下为鸟身，尾羽上翘，侧立面向左侧一人，右手抬起，可能正在给面前人进行针灸。最下层为两株大树图像，两树枝繁叶茂、合抱纠缠，硕大树冠上攀援有猴子，天空中还有群鸟绕树而飞；两树树干中间坐有一人；树下右方有一匹马右向而立，马前方

---

[1] 林巳奈夫著，蔡凤书译：《对洛阳卜千秋墓壁画的注释》，《华夏考古》，1999年第4期。
[2] 贺西林：《洛阳卜千秋墓墓室壁画的再探讨》，《故宫博物院院刊》，2000年第6期。
[3] 参见王恺：《"人面鸟"考》，载《王恺考古文集》，黑龙江科学技术出版社，2015年，第325—333页。
[4] 袁珂校注：《山海经校注·海外东经》，上海古籍出版社，1991年，第265页。

有一人持弓射鸟；树下左方有一只羊左向而立，羊前方也有一人持弓射鸟（参见图9-13）。此石画面的意象奇幻，气势宏大。

对于山东画像石上的人首鸟身神图像，学界较为主流的定名是参照刘敦愿先生的观点，称其为神医"扁鹊"[①]。

汉代的人首鸟身神图像主要见于洛阳、四川、鲁南等地，虽然图像造型相似，但其含义却各不相同。图像为满足人们不同的精神需求与心理幻想，而被当地人植入多元的想象因子，具有地域文化特色。

（三）鸟首兽身神

鸟首兽身神是指一种头部为鸟首、颈部以下为兽身的神灵图像。如1992年安徽省濉溪县古城汉墓出土南甬道横梁石，石面上方刻半圆形纹饰带，下方刻边框，中央的主体画像为四只向左行走的神兽。它们从左往右分别为：一只头顶双角的曲颈、带鳞、兽身的神兽，它重心向前，三足立地，右前腿抬起，长尾潇洒，一撇尾尖翘起；一只神羊，昂首伸颈，双前腿顿地，双后腿正向后蹬，乃纵身往前蹦跳的姿态，形态活泼；一只独角兽，正伸脑前探，压低身躯，长尾低垂，蹑足行进，其小心谨慎的情态让周围的气氛也变得凝滞起来；最后是一只鸟首兽身的神兽，它头顶一缕翎毛迎风招展，尖喙圆目，曲颈高扬，身躯有鳞，躯体平稳，长尾翘起，四腿作缓步行走状，整体不疾不徐，其优游之态有别于前面三兽（图10-16）。

安徽的萧县博物馆、淮北市博物馆也收藏有类似画像石。关于这种神兽的定名，有称之为"飞廉"的。《史记·司马相如列传》引《上林赋》曰"推蜚廉，弄解豸"，裴骃《集解》曰："郭璞曰：'飞廉，龙雀也，鸟身鹿头者。'"司马贞《索隐》曰："椎蜚廉。郭璞曰：'飞廉，龙雀

[①] 刘敦愿：《汉画象石上的针灸图》，《文物》1972年第6期。

图10-16　安徽省濉溪县古城汉墓南甬道横梁石拓片

也，鸟身鹿头，象在平乐观。'椎音直追反。"[1]

如若依据郭璞注，"飞廉"一说似乎还有考证的空间。不过这种鸟首兽身动物的神性是无需质疑的，它一般与其他神兽组合，呈行走中的动态。表现一列行进的神兽队伍在各个汉画分区的画像石上都很常见，队伍中的每只神兽都各有其造型特色，但都不约而同向着一个方向而去，共同营造出一种安详的氛围，可能象征着引导和保护墓主人灵魂升仙的功能。

鸟的文化内涵

鸟很早就被古人纳入艺术取材的范畴，是因为人们相信它能够表达某些精神理念，借以抒发人们的心理情感。

（一）崇尚自由飞升的民族心理

我国的鸟崇拜习俗源远流长，早在新石器时代就有鸟形器。

如1957年陕西华县太平庄出土一件仰韶文化陶鹰鼎，高35.8厘米，

---

[1]（汉）司马迁撰，裴骃集解，司马贞索隐，张守节正义，《史记》，中华书局，1959年，第3034、3035页。

十 镌刻在葳蕤鸟羽上的缱绻情思

口径23.3厘米。此鼎塑作雄鹰形象，呈棕褐色，周身光洁无纹饰，圆眼钩喙，背部中空作鼎口，两翼敛于身体两侧，伫足立地，尾部下垂至地，与两只粗壮的鹰腿构成三个稳定的支点（图10-17）。

又如1959年山东泰安大汶口出土的一件新石器时代白陶鬶，高14.8厘米，呈灰白色。陶鬶顶部有一斜向长流向前伸，颈部似漏斗状；圆环形提梁连接颈部与器身，腹部鼓起，腰部压印一圈绳索状花边；三足肥大，以鼎立之姿支撑器身（图10-18）。

此陶鬶的线条简洁明快，其形状仿若一只昂首待飞的鸟：流口像鸟喙，颈部像高昂的鸟首，器身像鸟身，三足既像立地的鸟足又仿佛羽翼一般翩然展开。今山东、江苏一带的众部族在古代曾被统称为东夷，东夷族以鸟为图腾，其文化中多有表现鸟的题材，陶鬶即被公认是由禽鸟形象演化而来的典型之作。

尚鸟之情绵延不断。商代多有鸮形器物，尤其是鸮形青铜器和玉器，反映出商人将鸮鸟奉为战神的崇拜之情。春秋战国，鸟形器更加形制多样，造型逼真。如河南新郑李家楼郑公大墓出土的莲鹤方壶，壶盖四周一圈铸作怒放的双层莲瓣状，一只仙鹤立于莲瓣中央翩跹起舞，风采永驻，凝固成千古一叹，任岁月流逝，江河汤汤（图10-19）。

又如山东淄博市临淄区商王墓地出土一件鸟柄青铜灯，尽显春秋时期工匠的悠游情致。此灯乃豆形灯，灯座与灯盘皆作圆形，灯柄上端塑一只飞鸟。造型设计上，鸟爪扣在灯柄上，尾羽上翘，口衔灯盘，形容娇俏。如此，通过鸟，灯盘便与灯柄衔接起来。除此，鸟的精华部分还在于其羽毛被刻画得细致入微，自鸟首至双翅上的片片羽毛雕作鳞状，一层层铺陈，仿若披上一袭玲珑翠羽（图10-20）。

自新石器时代以来，鸟就成为审美艺术所参考的对象，其轻快翩跹的体态、无拘无束翱翔天空的自由，让人充满无尽的向往与想象。战国至秦汉时期，以蓬莱为代表的东方仙岛信仰体系诞生并发展起神仙思想，深入人心，影响颇大。

图10-17　华县太平庄出土仰韶文化陶鹰鼎　　图10-18　泰安大汶口出土白陶鬶

羽化或者带翼乃神仙思想的一个重要表现形式，羽化主体往往是人，孙家洲先生认为："在汉人的想象中，'羽化'也有一个渐进的过程：'为道学仙之人，能先生数寸之毛羽，从地自奋，升楼台之陛，乃可谓升天。'汉代人对'羽化'的描述非常详细：'体生毛，臂变为翼，行于云，则年增矣，千岁不死。'其实，它只是直观地表达了古人在追求成仙的拙朴阶段所用的简单模仿：因羡慕鸟类在空中的自由飞翔，而幻想着自己能够长出双翼，飞往天国。"[1]

对鸟的羡慕向往演变成模仿鸟、实现羽化升仙的梦想，自新石器时代的尚鸟之情到战国秦汉的神仙思想，这些思想情感的流行与演变，促使鸟形器物、图像的流行。

（二）豪迈激昂的时代风貌

入汉以后，时代风貌为之一新。要形容这个蒸蒸日上、威加四海的大

---

[1] 孙家洲：《插图本中国古代思想史·秦汉卷》，广西人民出版社，2006年，第298页。

图10-19　河南新郑李家楼郑公大墓出土莲鹤方壶

图10-20　山东淄博市临淄区商王墓地出土鸟柄青铜灯

汉王朝的气象，莫过于高祖自述的"大风起兮云飞扬"一句，豪情壮阔，奋发慷慨。那景象仿若腾空高飞之鸟，以其巨翼搅动着日月星河，致使风起云涌。

汉代诗赋中多有咏鸟之作，以鸟为喻，乃文人投射自我和寄寓理想的精神出口。各种各样的鸟不胜枚举，所表达的思想感情也各不相同，有借鸟隐喻文人高洁脱俗品质的，如祢衡之《鹦鹉赋》；有借鸟感慨士人怀才不遇境况的，如杨修之《孔雀赋》；有借鸟抒写爱情的，如《艳歌何尝行》之"飞来双白鹄，乃从西北来"[①]；还有借鸟表达英雄主义情结的，如江苏连云港尹湾汉墓之《神乌傅（赋）》简。

《神乌傅》记述了一只雌鸟为保护巢舍，与盗取筑巢材料的鸟展开殊死搏斗，虽深受重创却不屈不挠的故事。虽经两千年，此鸟英勇抗争的精神仍然触动着我们。

《后汉书·杨震传》也记载了一只义鸟。故事开始用史书的传统笔法，交代杨震的家族背景：其祖上曾在西汉高祖、昭帝时封侯，其父杨宝乃隐居贤者，因逃避去王莽朝廷做官，而受到光武帝的赞赏。如此家风熏陶下的杨震，自小好学博览，终成一代名儒，有"关西孔子"之誉；又多次谢绝州郡征召，侍奉寡母，以种地为生。直到50岁，他才终于接受了州郡之召，走上仕途。他先是受到外戚大将军邓骘的提拔，当了东莱太守。任官期间，曾受到杨震举荐的昌邑令王密为报恩，趁夜深人静时前去送礼，怕杨震不收，特意说："天都晚了，没人知道。"于是杨震说出了那句著名的："天知，神知，我知，子知。何谓无知？"后来他虽然官越做越大，但其家人常年不变地在家蔬食，外出不乘车马，有人劝他多在赚钱上面动脑子，他不肯，道："我留给子孙一个清白的名声，让他们以此立世，不是更好吗？"其廉洁奉公至此。

从安帝元初四年（117年）开始，杨震入朝做官，从太仆一路做到太

---

① （宋）郭茂倩：《乐府诗集》，中华书局，1979年，第576页。

尉，其间一面举贤任能，一面在外戚内宠势力侵蚀朝廷的局面下，独自坚持与之抗衡，为此不仅得罪皇帝，也与其他攀附权贵的同僚渐行渐远，大有"虽千万人吾往矣"之决心。矛盾攒积到延光三年（124年）彻底爆发，杨震部下高舒查获中常侍樊丰等的罪状，在角逐中，杨震却反被樊丰联合皇帝舅舅耿宝弹劾罢免。在遣返回乡的途中，行至城西的几阳亭，杨震对几个儿子和门人说："死不过是士人的必经之路。我久蒙圣恩，身居高位，对乱臣贼子、奸佞小人深恶痛绝，却既无法诛杀又没能阻止他们祸乱国家的行径，实在是愧对天地日月！我死了以后，你们用杂木作棺，用粗布包裹我的身体，取一辆牛车承载棺柩回乡，足矣！切不可大修墓冢，修建祠堂。"语毕，饮鸩自尽，慷慨赴死，年70余岁。樊丰等人闻讯大快，令弘农太守移良派人将杨震的棺柩截留在陕县（今河南省三门峡市陕州区），随意抛露在道路旁。路人皆为之垂泪，敢怒不敢言。

直到一年多以后顺帝继位，才下诏为杨震平反，重新在他的故乡华阴潼亭为其礼葬，远近的人闻讯都来吊祭。在葬礼前十多天，忽然飞来一丈多高的五色大鸟，自树上扑扇着翅膀下地，行走到杨震的棺柩前，正立低头，"俯仰悲鸣，泪下沾地"，直到葬礼结束才恋恋不舍地飞走。这让人们大为吃惊和感慨，郡守特意上书报告此事。恰值国家灾异不断，顺帝因此认为是杨震之冤感天动地，特又下诏祭祀杨震，于是人们在他的墓前刻石鸟守护他。

为杨震停留与哭泣的大鸟，史书虽未具名，却永远活在了我们心中。因为它通灵，能够感知与明辨人世的伤痛与正邪；它忠义，如同天神下凡一样降临，默然肃立，俯首哀泣，为心中的义士举哀；它还代表着一种神判观念，为那些无处安放的绝望不公竖起一面天道大旗。较之于杨震身后那些哀荣，它可能更能贴近与慰藉曾经深受冤屈的忠魂，也为人们带来一丝正义的希望，重召一股英雄气在人间久久回荡。

（三）祈盼吉祥如意的风俗

汉代器物上的鸟图像往往寓意吉祥，最常见的乃凤鸟，其构图造型变化多端，无一不展现这一鸟中之王的富贵华美。

画像石、画像砖上的凤鸟多刻作侧面图像。因为早期艺术缺乏立体空间思维的构图意识，图像多呈现平面化，汉画像即以等距离散点透视法作为主要的空间构图法，其特征是描绘人物、事物的侧面。

画像石上正面的凤鸟形象较为少见，其视觉效果较为特别。如山东沂南汉墓前室北壁中柱画像，石面上、左、右三面装饰着双层纹饰带，最外层为一圈三角形纹饰带，内层饰以云气纹；主体画面为纵向三只神兽。最上方为一只立凤，它正面而立，头顶三片羽翎丰茂如花冠，正中一片羽毛竖立，左右各一片向两侧蔓延；头部正面朝向观众，颈部挺立；全身的毛羽呈偾张之态，双翼高举而展开，如两面迎风招展的旗帜，双爪足展开立地，长长的尾羽分向两侧曳地，羽端上翘，状若两袭云裳般华茂。画面中间是持兵器的蚩尤图像，最下方则是一只玄武（图10-21）。在此石上，正面凤鸟一改其他侧面凤鸟的袅袅之姿，相反英姿飒爽、气贯长虹，充分显示出作为鸟之王者的威风荣耀。

正面的凤鸟形器物，如河北博物院藏、满城汉墓出土的一件铜朱雀衔环杯，高11.2厘米。此杯整体造型为错金的铜朱雀正面立于一只怪兽背上，朱雀喙部衔一可以转动的玉环，颈部、羽翼根部与腹部镶嵌绿松石，展开的双翼翩跹如流云、羽毛四向纷飞，左翼下方及左股侧面、右翼下方及右股侧面各连接一只镶嵌着绿松石的高足杯；被朱雀踩踏的怪兽呈匍匐状，昂首开口，四足分踏于两只高足杯的底座之上。如此，朱雀、怪兽与高足杯通过巧妙的设计与高超的造型能力，被完美地连接在了一起，造型华贵而和谐（图10-22）。

此杯出土时杯内尚存朱红色痕迹，学界推测它为化妆品，孙机先生认为

图10-21-1　山东沂南汉墓前室北壁中柱石拓片

图10-21-2　山东沂南汉墓前室北壁中柱石局部

此杯乃"调脂用具"①。但又有认为这是一种双连杯的观点，也称合卺杯。

合卺杯象征夫妇之燕婉，乃婚礼用器。《礼记·昏义》："妇至，婿揖妇以入，共牢而食，合卺而酳，所以合体同尊卑，以亲之也。"郑玄注"卺"曰："破瓢为卮也。"孔颖达疏："谓半瓢，以一瓠分为两瓢，谓之卺。婿之与妇各执一片以酳，故云'合卺而酳'。"②此乃后来双连杯的原始形态。

又1969年山东济南无影山11号西汉墓出土、现藏于济南市博物馆的一只彩绘陶负壶鸠鸟③，与汉代常见的双连杯具有共性。它通高52.9厘米，横

---

① 孙机：《汉代物质资料图说》（增订本），上海古籍出版社，2011年，第302页。
②（清）阮元校刻：《十三经注疏》三《礼记》（清嘉庆刊本），中华书局，2009年，第3648页。
③ 济南市博物馆：《试谈济南无影山出土的西汉乐舞、杂技、宴饮陶俑》，《文物》1972年第5期。

图10-22　河北满城汉墓铜朱雀衔环杯

图10-23　济南无影山11号汉墓彩绘陶负壶鸠鸟

宽43.5厘米，前后长38厘米。陶鸠鸟昂首挺立，圆目尖喙；墨绘鳞状的羽毛，双翼平举，翼尖微翘，自翼根至翼尖的线条优美流畅，双翼上各托着一个陶壶；双腿粗壮有力，足三爪有距，立于方形平座之上（图10-23）。鸠鸟所托载的壶有盖，盖面饰三个鸟首形扁钮；高颈，颈部饰一圈朱绘长锯齿纹；圆腹，腹部及其下环绕两圈朱纹带；高圈足。该件鸟形器的造型奇巧有趣，双翼平展，双足对立，双壶对举，既起到平衡器物的作用，又在视觉上起到对称、大气、舒展的效果，还颇具奇思地设计鸟翼承载对壶的造型，可谓是寓实用与美观于一体。王子今先生认为，秦汉时期的婚姻与先秦相比，受到更严格的法律规定与道德规范的制约和保护，而且往往具有一定的政治和经济意义。秦汉上至贵族下至百姓，都十分重视娶妻嫁女礼仪，形成了"昏礼者，礼之本也"的风尚，因此双连杯在当时得到普及[1]。

《诗经·郑风·有女同车》云："有女同车，颜如舜华。将翱将翔，佩玉琼琚。""将翱将翔"，不知佳人是何其袅娜轻盈的风情姿态，才能够像翱翔飞鸟一样，惹人遐想。君子博识，"多识于鸟兽草木之名"，这

---

[1] 王子今：《秦汉名物丛考》，东方出版社，2016年，第162页。

一读诗修身的传统延续下来，于是形形色色的鸟栖息进文人诗赋的字里行间，化身在工匠制造的器物图像上，焕发着毛羽之莹光，流露出气血之秉性。在对它们生动姿态、葳蕤羽毛的惟妙惟肖刻画中，凝结着古人对于鸟的亲近之情。

"春林花多媚，春鸟意多哀。""秋爱两两雁，春感双双燕。"从春到秋，自夏至冬，鸟伴人度过年年岁岁，感人之喜怒哀愁，发人之激奋缱绻，体会着人世百态。由那翩飞双翼带去的是关于远方的憧憬，随之而来的则是无尽思念与慰藉。

美国诗人狄金森也曾咏："'希望'是个有羽毛的东西/它栖息在灵魂里/唱没有歌词的歌曲/永远，不会停息/在暴风中，听来，最美。"东西方民族在对于鸟共同的期许与赞赏中，达成了情感的共鸣。这些人类共通的思想灵光与心灵碰撞，拥有岁月流逝也带不走的美的光芒。

十一

神鱼图像的升仙与爱欲想象

十一　神鱼图像的升仙与爱欲想象

鱼是我们身边最常见的一种动物，它可食、可观，也可作为财富或某些精神情感的象征，所以裨益于人类的日常生活，也对于精神世界有所作用。

《诗经·小雅·南有嘉鱼》有云："南有嘉鱼，烝然罩罩……南有嘉鱼，烝然汕汕。"惟妙惟肖地描绘出鱼群在水中舒展跃弋之态，可知古人很早就对鱼有细致观察。"濠梁之鱼"，出游从容，由此引发一场流传千古的哲思之辩，这场论争并未随那秋水波逝而远去，相反时时给我们以性灵的启示。

鱼还可能带有神性。从《山海经》里形形色色的鱼精，到《洛神赋》中承载女神的文鱼坐骑、随行的鲸鲵，无不焕发出奇幻的色彩。俯仰深潜，飞浪迭进，寄意游鱼，鱼尾摆动溅起的碎玉般波光漫天而下，把人对深不可测的水底世界的好奇与想象推向极致。

那么，古人是怎么认识鱼的？对它有哪些艺术化的表现？为什么会把它当作神灵？典型的神鱼图像有哪些？鱼在传统文化中又有哪些含义？

驰骋三界——汉代神兽的图像世界

新石器时代至汉代的鱼图像

我国较早的鱼图像出现于新石器时代，如仰韶文化、河姆渡文化、马家窑文化陶器上，常见鱼纹；良渚文化还有鱼形玉饰。也就是说，在人类有审美和装饰意识的初期，鱼就进入了先人的视线，成为一种艺术题材。

西安半坡出土仰韶文化人面鱼纹彩陶盆，在陶盆内部即绘有鱼和人面。其中人面造型奇特，人面左右两侧各有一条鱼紧贴，人头顶和下颌两侧又各有一个三角形装束（图11-1）。人面图一般被认为象征着巫师被鱼神附体，为夭折的儿童招魂祈福；也有观点认为这种人鱼合体的图像，寓意鱼已经被充分神化，可能是作为图腾来加以崇拜[1]。

河南临汝县（今汝州市）阎村出土一件仰韶文化鹳鱼石斧图彩绘陶缸，它一般被认为是氏族首领的葬具。缸身彩绘一只鹳鸟敛翅直立，尖喙上衔一鱼；它们的对面竖有一把石斧（图11-2）。鸟衔鱼图成为一经典图示得以流传，在汉代画像上我们依旧常见这一题材。

图11-1　西安半坡出土仰韶文化人面鱼纹彩陶盆

图11-2　中国国家博物馆藏鹳鱼石斧图彩绘陶缸

---

[1] 中国国家博物馆编：《中华文明：古代中国基本陈列》，北京时代华文书局，2017年，第47页。

十一　神鱼图像的升仙与爱欲想象

史前的鱼图像总带有一种难测的神秘色彩，是当时信仰世界某一侧面的反映。商周青铜器的纹饰也继承了鱼纹题材。

汉代刻画鱼形象的艺术品蔚为大观，光是画像砖、画像石上的鱼图像就造型各异、多姿多彩。汉代画像砖、画像石上的图像一方面尽显世俗生活热腾腾的烟火气息，另一方面则展现当时人对神仙世界的绚烂想象，现实人间与神话传说可简单归纳为汉画像的两大题材。而这两类题材中，都有对鱼形象的描绘。比如在庖厨图、渔猎图、祭祀图等反映日常生活场景的画面中，可见作为食物的鱼。

一块收藏于中国国家博物馆的收获渔猎画像砖，栩栩如生地刻画了汉代人对于丰富物产的向往，而鱼即其中的一项重要物产。砖面浅浮雕，由一条横线隔成上下两层，下层为农人俯首于农田里收割作物的画面；上层为渔猎图。渔猎图景一派生机勃勃，天空中飞雁成行，地面左方的河岸上，两名射手跪于树下，正仰面拉满弯弓对准空中飞雁；右方河塘中，莲花含苞待放，也有的已经结蓬，鱼鸭自在地游弋，尤其是那一尾尾肥硕的游鱼于河水中聚集纵游的情形，流露出生之美意（图11-3）。

一块南阳市郊出土的东汉画像石，石面也分为上下两格，上格为建鼓图像；下格为一长案，案上放置着耳杯、盘子等餐具，盘中盛一尾大鲤鱼，鱼被雕刻得惟妙惟肖，它旁边还有三只鸭子（图11-4）。如果仅据此石画面，难以判断长案上的食物是否为祭品，但可以知道鱼已是当时可登大雅之堂的重要食物之一。

除了这些写实题材的艺术品，汉代人还将鱼形象吸收进神话世界中，使之成为当时人瑰丽想象力的一道闪光。像那阳光照耀下，水波中的鱼尾一跃，霎时间鳞光耀波，无限涟漪悠悠荡开，引人情不自禁跟随沉浸在那个遥远而温柔的梦幻中。

图11-3 中国国家博物馆藏收获渔猎画像砖

图11-4 南阳出土画像石拓片

汉晋神鱼图像分类

汉画像上的神鱼图像,造型各异,代表着不同的观念与想象。可将它们分作飞鱼、三鱼共首、鲵鱼及鱼车图等几类。

(一)飞鱼画像砖

先秦出现一种飞鱼传说。《山海经·西山经》曰:"观水出焉,西流注于流沙。是多文鳐鱼,状如鲤鱼,鱼身而鸟翼,苍文而白首,赤喙,常行西海,游于东海,以夜飞。其音如鸾鸡,其味酸甘,食之已狂,见则天下大穰。"[①]为鲤鱼身插上鸟的翅膀,想象可谓出人意表。

相似的意象也见于庄子笔下。《庄子·内篇·逍遥游》开篇即云:

---

① 袁珂校注:《山海经校注》,上海古籍出版社,1980年,第44页。

十一　神鱼图像的升仙与爱欲想象

"北冥有鱼，其名为鲲。鲲之大，不知其几千里也；化而为鸟，其名为鹏。鹏之背，不知其几千里也；怒而飞，其翼若垂天之云。是鸟也，海运则将徙于南冥。"北冥之鲲，无边无际；向南之鹏，振翼有若天际流云铺叠开去——其气象之恢宏，令人惊叹。古人这一认为鱼鸟生灵之间冥冥中相通、相化的意识，玄妙而超远。

又《列仙传》载升仙者子英的故事：子英入水捕得红鲤鱼，带回养在水池中。一年后红鱼长至一丈余长，并且头顶生出了角，身侧长出了双翼。子英大惊，鱼却对他说："我是来迎接你升仙的，你快骑到我背上来。"子英依言，果然与鱼飞升而去。此后每年子英都会返家与妻儿相聚一段时间，再由神鱼迎接而去，如此过了七十年。家乡人还专门为他设立了祠堂以供奉[①]。

飞鱼图像见于西晋。敦煌佛爷庙湾1号西晋墓出土了大量彩绘画像砖，其图像题材包括神兽祥瑞、历史人物、具有佛教文化因素的动植物和世俗生活等，砖上大多带有墨书榜题，为辨识图像提供了依据。

该墓外甬道仿木门楼照墙即由彩绘画像砖砌成，共有八层彩绘和一层阙楼。在内照墙最上方第一层有两砖，砖面各以墨线勾勒边框，中间彩绘一条飞鱼，飞鱼一左一右相向。瞠目，鲤鱼身，背鳍处长有双翼，双翅高举，毛发偾张，似乎蓄势待发即将腾空而起；腹下长两只鸟爪，站立于地面（图11-5）。砖面带题记"万鳣"二字，鳣作为一种鱼类常出现在战国文献中，在汉代则被神化作一种祥瑞。

在敦煌佛爷庙湾133号西晋早期墓中，也出土了类似画像砖。该墓前甬道的照墙带拱形顶，下由13层彩绘画像砖砌成，在从上往下的第八层有四砖，从左往右每砖的图像依次为：飞鱼、仁鹿、白象和大鲵。133号墓画像砖上的飞鱼图像与1号墓中画像砖上的万鳣图像相似（图11-6）：鱼身，双翼正展开，长有两鸟足，它应与1号墓的万鳣图像为同类。

[①] 王叔岷：《列仙传校笺》，中华书局，2007年，第134页。

驰骋三界——汉代神兽的图像世界

图11-5　敦煌佛爷庙湾1号西晋墓出土万鳣画像砖

图11-6　敦煌佛爷庙湾133号西晋墓出土飞鱼画像砖

画像砖上飞鱼图像的发现，说明先秦时期的飞鱼传说得以流传，影响到后世艺术。

（二）三鱼共首画像石

汉画像石上有一种造型别致的三鱼共首图像，即三条鱼环绕聚首在一处，它们的头部相叠、身尾各向一方伸展，呈现出三鱼只有一个头，但三条鱼的身体外向撒开呈360°排列的奇妙视觉效果。这一图像形式特别，既反映出汉代人基于生活观察之上的别出心裁的造型能力，也寓意神秘。

如四川合江张家沟二号崖墓出土四号石棺右侧，即刻有三鱼共首图像。画面上刻一排神兽，从左往右依次为：直立的蟾蜍，与一只立兽相对；扬尾的九尾狐向右方踱步，身形轻盈，一只三足乌左向与之相对；一只神鸟展翅而飞，回首后望；最右方是三鱼共首，一个鱼头三向各延伸出一条鱼身，线条曼妙（图11-7）。类似图像还见于四川绵阳三台县金钟山画像石棺上①。

山西离石马茂庄左表墓墓室门侧画像石上也有此图像。该石的上、左、右三方边栏各刻云气纹，主体画面为仙境图。最上方是神人驾驭神兽的驾车出行图，两名神人乘坐在云车上，车上还竖有华盖。华盖下主神后坐，头戴山形冠；御者前坐，扬鞭驾车。云车由四只神兽所拉，神兽纷纷扬蹄飞驰。画面中间为三鱼共首图；其下方有一只蟾蜍；右方立一麒麟，左方立一带角翼兽，双兽相向而对。画面最下方则有一虎，似带有羽翼，口中似衔有一物，同时还在追逐前方一兽；在虎逐兽的旁侧，静立一鹗鸟，向翼虎回首，似在观看（图11-8）。此石上的三鱼共首图线条写意，在正中央以稳固的三角形成画面重心，使得其上下左右的构图对称，设计形式匠心独运。

山东邹城郭里镇黄路屯1959年收集的一块画像石，石面浅浮雕一长幅生趣盎然的钓鱼图。石面的左右下为填刻斜线纹的双边框，上方为单边框，主体画面上从左往右刻有人物与游鱼：岸上有手持钓竿的立者，其长竿钩处有三鱼正争先恐后咬食鱼饵，有着长袍并排而立的观钓者和随后的孩童，也有手捧鱼或拎鱼的人；河水中有龟、鱼群向右方徜徉而去，其中在画面中央也有三鱼共首图，另外还有一条鱼格外硕大，最右端上方有三条鲵鱼（图11-9）。虽然画面是静止不动的，但却似有收获的欢声笑语飞溅出来，伴着潺潺流水与丰硕自在的鱼群，融入日常，留下历史隽永的记忆。

安徽宿州萧县龙城镇陈沟出土一块画像石，画面分作左右两部分：左半部较宽，四周有边框，画面最上方立有一神鸟，中间为一羽人饲麒麟，最下方还有两只神兽；右半部下方为一持戟门吏，上方也刻有一幅三鱼共

---

① 转引自高文、王锦生：《阴阳双鱼、涡纹、三鱼共首——谈汉代画像中的"三"》，《中国汉画学会第十届年会论文集》，湖北人民出版社，2006年。

图11-7　四川合江二号崖墓出土石棺拓片

图11-8　山西离石左表墓墓室门侧画像石拓片

图11-9　山东邹城郭里镇黄路屯画像石拓片

图11-10　安徽萧县画像石拓片

首图（图11-10）。

关于三鱼共首图的含义，似乎应区别对待。比如有一类图像并无特别之处，它们在山东画像石上较为常见，仿佛只是对鱼群簇拥在一起时、身形相互掩映而造成视觉错觉的现实写照；但另一类图像中的三鱼共首却不再与其他鱼类同时出现，而明显与一些神兽相组合，这一类图像的含义可能更为复杂。

对于后者，高文先生作过探讨，认为"三"的构图可能具有哲学含义："反映的是'道'、是古人对宇宙生成本源的探索，是阴阳对立统一交合而形成的'新的阴阳平衡体'的图解"。即古人用三条鱼来表现"阴、阳、和"的"三气图"[1]。此说或可给我们以启示。

（三）鲵鱼图像

汉画像上的鱼多种多样，有学者统计，仅南阳画像砖上出现的鱼图像，就有鲤鱼、鲢鱼、鲐鱼、鳊鱼、鳜鱼、鲫鱼等不同种类[2]。其中鲤鱼图

---

[1] 高文、王锦生：《阴阳双鱼、涡纹、三鱼共首——谈汉代画像中的"三"》，《中国汉画学会第十届年会论文集》，湖北人民出版社，2006年。
[2] 朱晓红：《南阳汉画像砖鱼纹探析》，《中原文物》2006年第4期。

像较为常见。

而又有一种鲵鱼图像较为特殊,鲵鱼俗称"娃娃鱼",这一图像多见于山东画像石上。邹城有较多相关画像石,除了前述郭里镇黄路屯1959年收集的画像石,又如郭里镇下镇头村收集的两块画像石。两石一上一下组成完整画面,主体图像为一座带长楼梯和栌斗的水榭亭,楼梯上有一戴进贤冠、着长袍的人拾级而上,他的前方有凤与鸮;最上方的水榭亭中有一人侧身跽坐;在下方承栱立柱的左侧,立有两人正在对语;立柱右侧应为河塘,有鸟啄鱼,还有四鱼二鲵呈聚首状,它们的上方还有一人首蛇身神腾空端立(图11-11)。此石将鲵鱼的形象刻画得较为准确:鱼的头大而圆阔,鱼身前粗后细、长而扁平,身段柔软而灵活。

再如郭里镇黄路屯1953年收集的一块画像石,石面四周有边框,竖向浅浮雕各式神话图像:最上方是一左一右两位人首蛇身神,他们共同托举着内有金乌的太阳,尾部相交;人首蛇身神的中间有一位戴山形冠的神人;在三位神人的下方,有一对单足站立的神鸟,引项各衔一条鱼;双鸟之下,又有一只鸟低头,似在啄身下的二鱼,在它的头部处有一条鲵鱼正向上游(图11-12)。

图11-11 山东邹城郭里镇下镇头村画像石

图11-12 山东邹城郭里镇黄路屯画像石

1978年贵州威宁中水区梨园19号汉墓出土一件鲵鱼形铜带钩，长10厘米，宽3～5厘米，整体造型为匍匐游动状的鲵鱼。鲵鱼头大且身肥，尾巴由根部至尾尖逐渐变细，尾尖上翘弯折成钩，体侧对称斜长出两对鱼鳍，胸下有钮[1]。鲵鱼的背部一侧，阴刻五个隶书铭文："日利八千万"，意为财源广进的吉语。

鲵鱼在古代又有"人鱼"之称。如《水经注·伊水》曰："（伊水）又东北至洛阳县南，北入于洛。"郦道元注曰："《广志》曰：'鲵鱼声如小儿啼，有四足，形如鲮鳢，可以治牛，出伊水也。'司马迁谓之人鱼，故其著《史记》曰：'始皇帝之葬也，以人鱼膏为烛。'徐广曰：'人鱼似鲇而四足，即鲵鱼也。'"[2]

此人鱼，当然与我们今天以为的半人半鱼身的"人鱼"不一样，就是现实中存在的动物，但却有着神秘功用。比如司马迁记秦始皇陵中用人鱼油脂作为燃料，可以长明，长久地照耀着墓室，以保护秦始皇亡灵的安息。这一传说充满了传奇色彩，使得鲵鱼也沾染了几分飘然仙气。

（四）鱼车画像石

另外，汉画像石上还有一种鱼车图像，即几条大鱼作为神人所乘之车的牵动引力，以神驾的身份拉动车辇，承载着神人出行。

鱼车图所在的场景相当浪漫无羁。画面上往往数条鱼并排而游，鱼身上套辕，牵引其后的车厢；车上有御者和主神。从视觉效果的角度来说，鱼无翼亦无足肢，却能够在水中自由移动，加之水这一介质的透明性，更使仿若在"无"这一真空状态下游动的鱼增添了几分空幻轻灵之气。用这一生灵作为神人的座驾，便自然而然。

如河南南阳王庄汉墓出土一块画像石，石面即刻鱼车图。画面正中央

---

[1] 唐文元：《贵州威宁出土西汉鲵鱼形铜带钩发现五字铭文》，《贵族文史丛刊》1997年第2期。
[2] （北魏）郦道元著，陈桥驿校证：《水经注校证》，中华书局，2007年，第378页。

有四鱼并驾齐驱,它们身上由一衡并联,衡上挽缰绳,由位于车厢前部的御者所操控,车厢上竖有华盖,形似轓车,车后部端坐一主神;鱼车的前方有两名侍从持盾捎刀,威风开道;鱼车两侧各有一条鱼跟随护驾,还有两名捐棨戟骑鱼的随从跟随在后(图11-13)。画面以鱼车为中心,四周围的护卫侍从各司其职、等级分明,将汉代人想象中的天神出行图表现得诗意盎然。

南阳唐河县针织厂出土一块画像石,其画面相对简洁:有三条鲤鱼状的大鱼在前拉车,车厢上有御者和主神,车后另有四鱼随行(图11-14)。

山东邹城峄山镇也出土有鱼车画像石。比如峄山镇野店村一块画像石,画面上有龙车和鱼车两种类型的车驾。龙车在前,为一条兽身形、独角的龙所拉之车,其中神龙昂首挺胸、扬尾迈步,仪态高贵;车厢为四面屏蔽、壁面与车盖相连接的形制,应为衣车。鱼车在后,为四鱼所拉之车,车的形制亦应为衣车(图11-15)。龙车与鱼车一前一后出现,并且背

图11-13 河南南阳王庄汉墓鱼车画像石拓片

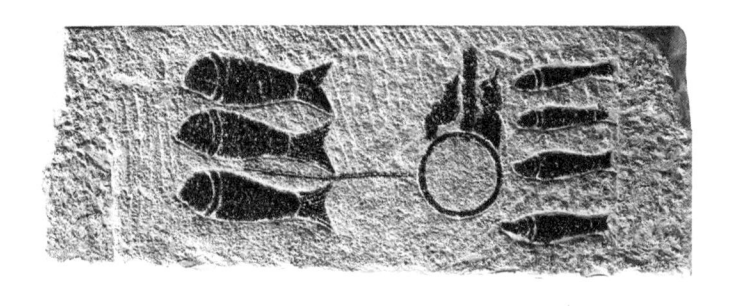

图11-14 河南南阳唐河县针织厂鱼车画像石

图11-15 山东邹城峄山镇鱼车画像石拓片

景饰以云气纹,给画面增加了神奇色彩。

关于鱼车图,学界已多有讨论,如王煜先生认为它具有强烈的神仙和升仙意义[①]。我们可以通过鱼车拉载神人行动的图像,在那种上天入海、乘风破浪的动态中,去感受汉代人关于神灵、交通、宇宙的思维和想象,解读他们为何要在墓葬中设置这种图像的意图。想必由那种灵性动物所承托的车骑,不仅便于神人出行,也能够抚慰在死亡恐惧阴影下无处安放的亡灵,引导着灵魂升向另一个光明安全的仙境。

鱼有哪些文化寓意?

汉代工匠之所以热衷以鱼图像作为艺术品的题材,既因为鱼与人们的日常生活有着密切关系,也因为鱼被赋予了一些精神性寓意。

(一)象征男女情爱的鱼

鱼多子,繁殖力强,生长迅速,是生育崇拜的象征,符合古人对于人丁兴旺的期待诉求。

---

① 王煜:《也论汉代壁画和画像中的鱼车出行》,《考古与文物》2013年第3期。

《诗经·陈风·衡门》曰："岂其食鱼，必河之鲂？岂其娶妻，必齐之姜？岂其食鱼，必河之鲤。岂其娶妻，必宋之子。"黄河之鲂与鲤，是当时名贵的食材；宋齐两地的女子，是著名的好女。将食鱼与娶妻相联系，既因为他们都是各自所属中最优秀的，也因为鱼有生殖、男女情爱的象征含义。

这一意识在民间广为流传。卓文君《白头吟》云："竹竿何袅袅，鱼尾何簁簁。"以钓竿之柔细与鱼尾之绵密，比喻男女之间绵长无尽的相思。

又如《饮马长城窟行》曰："客从远方来，遗我双鲤鱼。呼儿烹鲤鱼，中有尺素书。长跪读素书，书中竟何如。上有加餐食，下有长相忆。"此诗亦道尽幽渺悱恻的相思之苦，与"弃捐勿复道，努力加餐饭"如出一辙，尽显古人的蕴藉之情。有时候过深的感情是无法用语言描述的，那是一种沉淀萦绕在心头的感觉，总让人感到心有切实的沉甸甸的重量、有酸楚紧缩的形态、有千回百转的五味杂陈，世界前路如此渺茫仿佛空悬一线、无法触碰，心里跌宕起伏无数次欲语还休，可最终开口说得出的却不过是"好好吃饭"一句平淡之语。在此，鱼作为沟通双方之间的信使，游子与思妇可聊以慰藉，于是"鱼传尺素"也成为一典，屡见于后人的诗词中。

（二）连接神仙世界的鱼

鱼也被汉代人视作一种沟通神仙世界与人间的媒介，往往具有神奇属性，可引导人升仙或向人传达另一个世界的信息。

《列仙传》中此类故事比比皆是。除了前述子英养神鱼的故事，又有一类人在钓到鱼后于鱼腹中获得仙书的传说。如战国时期的齐国人涓子，擅长钓鱼，曾著48篇《天地人经》。他在菏泽钓鱼时，钓到一条鲤鱼，竟从鱼腹中发现一种符书。涓子携此去往宕山隐居，于山中修行，拥有了能够呼风唤雨的法术。姜太公吕尚在遇到文王以前，曾在周国南山的磻溪（在今陕西宝鸡）边垂钓，可三年都不曾钓到一条鱼，久而久之连邻居都看不下去了，劝他还是算了吧，他却自信道："这不是你们能够懂得的玄机。"不久，果然有鱼上钩，且鱼腹中藏有兵书，吕尚凭此后来为文王打江山立下了汗马功劳。

再比如赵国人琴高骑鱼升仙的故事。他善鼓琴，凭此技作为宋康王的舍人。但这更像是他真实身份的一个掩护，实际上他懂仙术，时常在冀州和涿郡之间出没。过了二百余年后，他的修行已满，决心沉入涿水中去取龙子，临行前告诉他的诸位弟子说："你们准备好洁净的斋饭等在此水边，设立祠堂，我会来与你们会面的。"说完便潜入了深水中。到了约定的日子，琴高果然乘着红色鲤鱼破水而出，坐到祠堂中。此举引发了轰动，每天都有成千上万的人闻讯赶来观看。直到一个多月以后，琴高才又重新乘鱼回到了水中。

这些传说都表明在汉代人的心中，鱼是神仙世界的使者，能够从那个高远神秘的世界而来，向人间传达神灵的召唤，或者迎接凡人升往那个仙者的世界。

（三）象征吉祥的鱼

鱼谐音"余"，取意年年有余，兆示着丰年。如《诗经·小雅·无羊》云："众维鱼矣，实维丰年。"

汉代有大量将鱼与吉祥用语相联系的图像。如一面东汉三国时期的铜镜，镜面内区围绕镜纽的上下左右四面，各刻一汉隶，合起来作"君宜高官"四字铭文；外区为一圈铭文带，铭文曰："□□□□□□□□，青龙白虎居左右，神鱼仙人赤松子，八爵（雀）相向法古始，令以长命宜孙子，作吏高迁车生耳，鱼。"铜镜边缘为一圈神兽羽人纹饰带，其中有神鱼、九尾狐、羽人戏虎等图像（图11-16）。神鱼有两条，雕作侧面，呈游动之姿。

又如中国国家博物馆藏一件汉代双鱼青铜洗拓片，洗内底部左右各刻一向上游动的鲤鱼，双鱼并排，鱼须、鱼鳍和鳞片刻画清晰，在双鱼中间从上而下刻四字"君宜子孙"。拓本左下角钤"萧"押记朱文长方印（图 11-17）。

这些鱼图像与吉祥铭文相伴，明确了汉代人认为鱼具有象征富贵吉利的寓意。

鱼经由汉代人的艺术想象加工，成为具有神性的动物，承载着古人对于情爱、升仙、吉祥如意等一系列美好愿望的心理诉求。

在陆地与天空之间是江河海洋，在水域与水域之间是鱼类。鱼类的存在昭示着人类生存的边界，而人类对于边界以外世界的探索始终有限，更多是依靠我们的想象。通过那一幅幅或经由羽翼装点，或以一头三身奇幻造型出现，或挽上车驾乘风破浪的鱼图像，我们不仅能够领略到汉代艺术中的虚与实、动态与美感、力量与生机，还可以感受到那些远去的气度与风情。

方寸之间犹含千万情愫的神鱼图像证明，历史褶皱中曾经闪现过的美不会消散，人类精神世界曾经达到过的高度与宽度不会被遗忘，它们是永远的记忆。

图11-16　神鱼仙人赤松子铭变形四叶对凤镜拓片

图11-17　中国国家博物馆藏汉代双鱼青铜洗拓片

十二

猫头鹰是战神还是恶鸟

猫头鹰，是鸮形目鸟类的统称，头骨宽大，面圆似猫，双目圆大，嘴喙尖而钩；身躯短胖，尾羽较短且微翘，腿足细小。自古以来它便与人类的生活生产关系密切，被赋予了丰富的文化内涵。

古典文献与艺术图像会选取鸮鸟作为题材。通过回望鸮鸟作用于人类史的过程，犹如透过一扇视窗去观看和触摸古代的艺术、信仰与社会生活。有意思的是，文献对它的记录往往透露出一股恐怖与厌恶的情感，把它当作一种恶鸟；但图像对它的刻画却客观或带着敬意，视它为老鼠的天敌或战神。

为什么图文之间会存在差异？它们各自是如何表现猫头鹰的？猫头鹰到底是战神还是恶鸟？猫头鹰的图像形式有哪些，不同形制的图像有什么特点？猫头鹰在人类社会中起到过什么样的作用？

还是让我们随着那一件件古物，去解开这些谜团吧。

人类早期文明中的鸮鸟

鸮鸟在多种古文明的书页中都留下过印记。比如古埃及文字中有鸮鸟这一象形符号。又如古希腊神话中的雅典娜女神以鸮鸟为侍者，鸮鸟的身影飘然落在一枚雅典德克银币上，在银币的背面被永久镌刻（图12-1）。

再如一座由罗马城区与列蒂省考古、美术与景观署－鲁道夫·兰恰尼市立考古博物馆收藏的卡皮托里尼山三主神大理石雕像，罗马的三位守护神并排而坐——天神朱庇特在中央，智慧女神雅典娜·密涅瓦在右边，天后朱诺在左边，雕像表现的是他们由胜利女神加冕的场景。同时，群雕也展示了三位主神各自的象征物，也就是说在他们的脚侧各蹲有一只可以代表他们的圣鸟：朱庇特的是雄鹰，朱诺的是孔雀，雅典娜的则是鸮鸟。只见那只鸮鸟

十二　猫头鹰是战神还是恶鸟

图12-1　古希腊雅典娜像银币
（公元前449—前413年）

双目炯炯有神，敛翅耸肩，蹲立在雅典娜的右脚侧（图12-2）。

我国较早的鸮鸟图像见于新石器时代，如青海乐都县柳湾墓地出土一件齐家文化鸮面陶罐（图12-3）。

商代晚期到西周初期的青铜器上，盛行以鸮鸟图像为装饰，基本可认定在这时期鸮鸟被视作神圣的文化符号。《史记·殷本纪》载："殷契，母曰简狄，有娀氏之女，为帝喾次妃。三人行浴，见玄鸟堕其卵，简狄取吞之，因孕生契。"《诗经·商颂·玄鸟》亦云："天命玄鸟，降而生商。"祖先诞自玄鸟卵的传说，使商人素有神鸟崇拜的信仰。近有学者如叶舒宪考证玄鸟原型即鸮鸟[①]，此说或可为商代青铜器上为何多鸮鸟纹饰提供解释。

河南安阳殷墟妇好墓出土了较多鸮形器物，包括鸮形尊，石或玉质的鸮纹饰物等。其中一件青铜鸮尊，整体塑作鸮鸟形状，圆目钩喙，双翼收敛，尾部触地，与双足形成三个支点，稳固地支撑着身体（图12-4）。妇好是以骁勇善战而著名的女将军，此鸮尊或许既是她威风凛凛战神风采的写照，又是商民族崇拜鸟的文化心理的象征。

[①] 叶舒宪：《玄鸟原型的图像学探源——六论"四重证据法"的知识考古范式》，《民族艺术》2009年第3期；叶舒宪、祖晓伟：《红山文化"勾云形玉器"为"鸮形玉牌"说——玄鸟原型的图像学探源续篇》，《民族艺术》2009年第4期。

图12-2　意大利卡皮托里尼山三主神大理石雕像

图12-3　临夏市博物馆藏齐家文化鸮形陶罐

图12-4　中国国家博物馆藏妇好墓出土青铜鸮尊

《诗经·鲁颂·泮水》篇记："翩彼飞鸮，集于泮林。食我桑葚，惠我好音。憬彼淮夷，来献其琛。元龟象齿，大赂南金。"

诗篇中以鸮鸣作为象征战争胜利的凯歌，可知西周或春秋前期，鸮鸟都是战神的象征物。

十二 猫头鹰是战神还是恶鸟

汉代的神秘之鸮

枭鸟与汉代人的关系，有其神秘的一面，这一面见于史载名人的故事中。

《史记·孝武本纪》"祠黄帝用一枭破镜"句，裴骃《集解》："孟康曰：'枭，鸟名，食母。……'如淳曰：'汉使东郡送枭，五月五日为枭羹以赐百官。以恶鸟，故食之。'"[1]武帝用枭鸟祭祀黄帝和赐百官枭（鸮）羹的行为，成为一种祭祀礼仪。

汉家另一短暂天子刘贺也与枭鸟有过一点牵连，史书上对此虽只寥寥几笔记述，却暗含刀光剑影。刘贺的经历随着近些年南昌海昏侯墓的考古发掘，早已让人熟知。我们知道他仅仅做了27天皇帝（前74年），便因政治斗争失败而被权臣霍光贬回故土山阳郡（原昌邑国），11年后的元康三年（前63年）三月，又被宣帝封为海昏侯，迁往豫章。在山阳郡苦捱的日子中，刘贺被严密监视，太守张敞既是掌控其命运的监视者，又是唯一对他表达过善意的关键人物。

张敞便是那位因替妻子画眉而流传千古的模范丈夫。实际在夫妇旖旎恩爱的背后，张敞走的却是实力派路线。史称其才干出众，治政"颇杂儒雅""表贤显善，不醇用诛罚"，以至于"上爱其能"[2]。"上"即宣帝。在给宣帝的禀报中，张敞遵旨事无巨细地报告废帝刘贺的容饰、言谈乃至周遭环境，却心存善念，用心良苦突出刘贺的萎靡昏聩，令宣帝消除疑虑，这才有刘贺得以重封的转机。

史书对张敞试探昌邑故王刘贺，曾留有传神一笔。《汉书》卷六三《武五子传》载张敞的汇报中有一处细节："臣敞欲动观其意，即以恶鸟感之，曰：'昌邑多枭。'故王应曰：'然。前贺西至长安，殊无枭。复来，东至

---

[1]《史记》卷一二《孝武本纪》，中华书局，1959年，第456—457页。
[2]《汉书》卷七六《张敞传》，中华书局，1962年，第3222页。

济阳,乃复闻枭声。'"①张敞故意谈及鸮鸟,以此刺探,刘贺却像浑然不觉,实诚作答,言下之意无外乎:山阳郡哪能与长安相比呢,长安乃天子所在,自然光芒万丈,任何邪恶都无法靠近,而山阳郡乃至附近的东郡则委实多鸮。刘贺的恭顺,无疑有助于减轻宣帝对他的戒备。而在张敞、刘贺乃至宣帝三人的语境中,显然鸮鸟是公认的不祥恶鸟。

巧的是,刘贺墓中出土一枚私印,印纽被有的学者认作鸮纽。该印和田白玉质,印身为盝顶方形,正方形边长21.3毫米,高15.7毫米,上篆书阴刻"刘贺"二字;印纽高浮雕,作一动物状,其头部微抬,圆目尖嘴,颈背部有长条状羽毛;躯体弯曲呈"C"形,身饰鳞毛,有二爪,腹部下方钻有扁圆形孔(图12-5)。此动物因其体量较小的缘故,形象并不是太清晰,以至学界认之作"螭""蟾""凤""鹰""鸮"等不同动物的都有。

不管它到底是不是鸮鸟,政治生涯结束后的刘贺被等同于"嚚顽放废"之人,或许他的形象在当权者看来,也无异于一只让人厌恶不已的鸮鸟罢了。

驰名已久的长沙马王堆汉墓中也有鸮鸟图像,如一号汉墓出土的帛画和漆棺、三号汉墓出土的帛画上,都绘有鸮鸟。我们知道,这两幅寓意深广的"T"形帛画大致可分作地下、人间和天界三部分,在它们中间一层描

图12-5 江西南昌海昏侯墓出土"刘贺"玉印

①《汉书》卷六三《武五子传》,中华书局,1962年,第2767—2768页。

绘人间祭祀场景的画面上，其顶端皆有一带垂帐的华盖，在华盖下各有一正面展翅的鸮鸟图像（图12-6-1、12-6-2）。在一号汉墓帛画最下层象征地下世界的画面的两端，还各有一鸮鸟侧立于神龟背上。[1]造型奇特、想象宏大的"T"形帛画，为我们了解汉代人所构筑的幽冥世界，揭开了神妙莫测的一角，其中的鸮鸟似乎也有着其独特的使命。

文献中认为，长沙之鸮并非善类。《汉书·贾谊传》载："谊为长沙傅三年，有服飞入谊舍，止于坐隅。服似鸮，不祥鸟也。谊既以適（谪）居长沙，长沙卑湿，谊自伤悼，以为寿不得长，乃为赋以自广。"[2]这个赋就是著名的《鹏鸟赋》。然而在马王堆帛画上的鸮鸟却仿佛并无恶意，反而是某种神明的象征。赵超先生曾考证过画像石上的鸮鸟图，认为汉代山东南部以及江苏北部、安徽东北部一带的人们可能把鸮鸟看作是幽冥世界的代表[3]。此说或可为马王堆帛画上的鸮鸟图像作注。

如此，我们发现了一个有趣的现象：汉代文献与图像中的鸮鸟，形象好像并不一致。文献明显表露了厌恶鸮鸟的意识，且这一认识还深刻影响到后世，直至明清都延续了这一观念。但随着考古发现的图像资料日益增多，我们却从中发现汉代人对于鸮鸟既有客观认识的一面，会利用鸮身为益鸟的自然属性，改善他们的生活生产条件；又对其有信仰的一面，似乎将其奉为某种神灵，希翼借此起到辟邪的作用。

为什么会有如此不同呢？让我们从具体的鸮鸟图像开始了解。

---

[1] 湖南省博物馆、中国科学院考古研究所编：《长沙马王堆一号汉墓》页40，文物出版社，1973年，图三八；彩版七六、七七。湖南省博物馆、湖南省文物考古研究所编著：《长沙马王堆二、三号汉墓》第一卷《田野考古发掘报告》，文物出版社，2004年，图三一。另外，也有称一号汉墓帛画上华盖下的怪鸟为飞廉的说法，参见湖南省博物馆、中国科学院考古研究所编：《长沙马王堆一号汉墓》页42。本文采用鸮鸟说。
[2]《汉书》卷四八《贾谊传》，中华书局，1962年，第2226页。
[3] 赵超：《以枭为祀——从萧县汉画中的一件祭祀俎案谈起》，《中国典籍与文化》2018年第1期。

驰骋三界——汉代神兽的图像世界

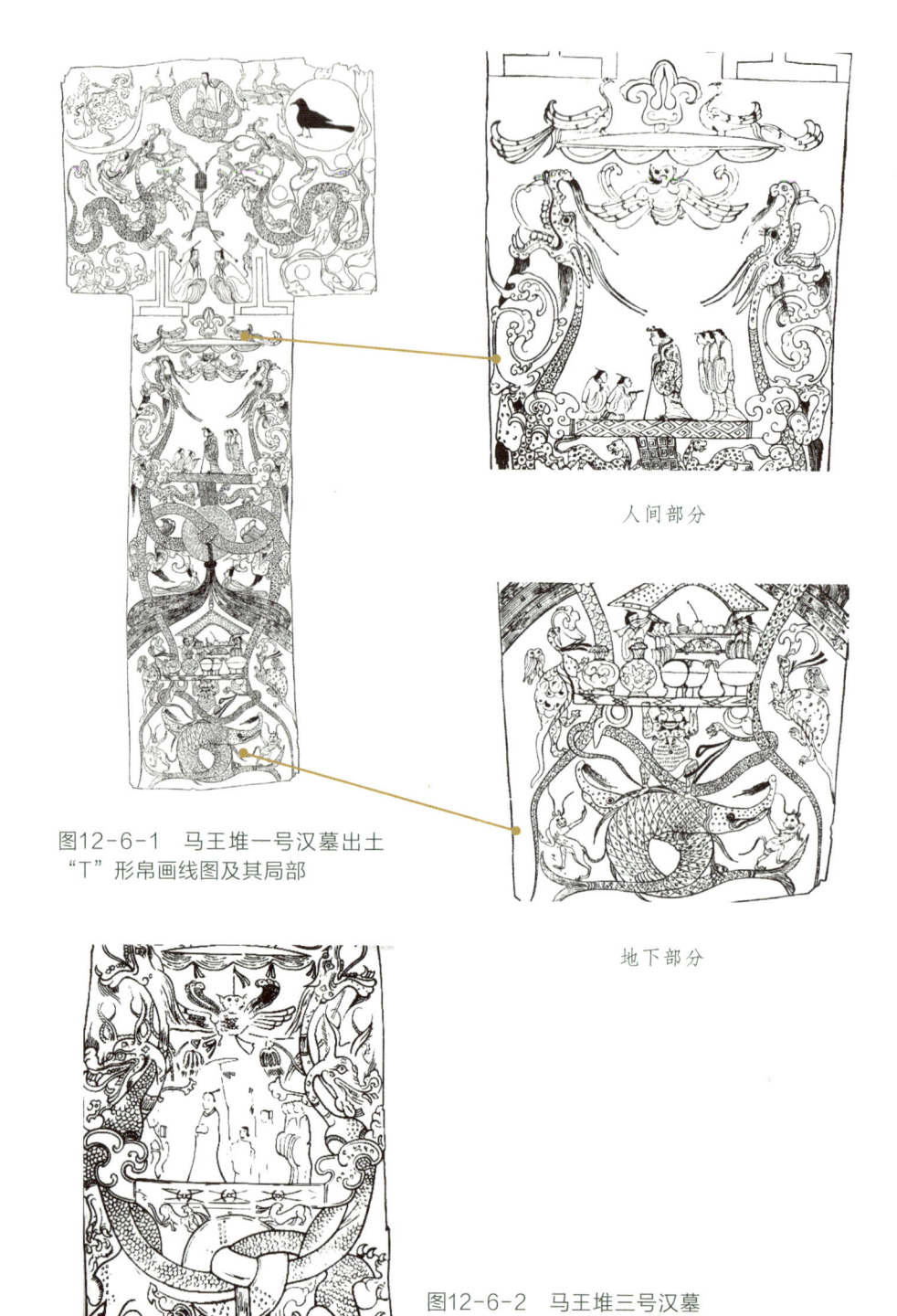

人间部分

地下部分

图12-6-1 马王堆一号汉墓出土"T"形帛画线图及其局部

图12-6-2 马王堆三号汉墓出土"T"形帛画线图局部

十二　猫头鹰是战神还是恶鸟

汉代鸮形器

不囿于传世文献，而是结合图像资料，我们才能更了解汉代人与鸮鸟关系的全貌，也更贴近当时民众的真实生活。

那么鸮鸟图像有哪些类型呢？

汉代鸮鸟图像按照形制，可分作立体器物与平面画像两类。鸮形器又大致可分作陶鸮、鸮壶及鸮形足三种。

有学者总结过国内所见的100余件陶鸮、鸮壶，归纳其出土地点主要为河南新乡、山西侯马和内蒙古自治区磴口县，在豫西、山东、宁夏等地也有零星发现[1]。其实西安也有发现，如《鲁迅日记》曾提及作者1924年7月行旅西安的情形："二十九日　晴。……下午同孙伏园游南院门市，买弩机一具，小土枭（枭即鸮）一枚，共泉四元。"[2]。

法国塞努奇博物馆藏一件西汉彩绘鸮壶，此壶造型简洁、线条流畅、做工细致，乃同类器中的精品。它为灰陶质，通体绘白彩作底，以黑、红彩细致勾勒鸮的五官与毛羽。陶壶整体塑作鸮形，鸮鸟头部转向左侧，头顶开一圆洞作口；圆目尖喙，胸腹部绘有鳞状羽毛，双翅收敛，挺胸而立（图12-7）。

2020年广州广钢新城M4出土一件东汉陶鸮形五联罐，形制较特别（图12-8）。五联罐由五只鸮形罐相组合而成，正中央一个鸮形罐，头顶还立有一鸟；其余四罐在四周均匀排列。五鸮朝向同一方向，皆圆目尖喙，面圆体胖，羽翼伸开，身上刻有细线以示毛羽，憨态可掬。秦汉时期岭南地区流行多联罐，据考古发现，其内所盛的或是叶子或是果核，五联罐的功能可能类似于我们今天所用的调料盒或果品盒。

鸮形足是承托器物的底足，有陶质和铜质两种材质。如广州西汉南越

---

[1] 张抒：《汉代墓葬出土鸱枭俑（壶）浅析》，《考古与文物》2010年第2期。
[2]《鲁迅全集》（第15卷），人民文学出版社，2005年，第522页。

王墓出土一件铜烤炉，其底下的四足即鸮形足[①]。这件烤炉长27.5厘米，宽27厘米，高11厘米，设计巧妙，它的四壁各有一铺首环以便用链提炉，四角微翘防止食物滑落，内底可烧炭，底足带有轴轮可以推动。鸮形足的双耳竖立，双目圆睁，鸟喙尖钩；双翼收敛于身后，双足蹲立（图12-9）。

图12-7　法国赛努奇博物馆藏西汉彩绘鸮壶

图12-8　广州广钢新城M4出土东汉陶鸮形五联罐

图12-9　广州西汉南越王墓出土铜烤炉

鸮形足

① 西汉南越王博物馆：《西汉南越王博物馆》，广东人民出版社，2107年，第154页。

十二　猫头鹰是战神还是恶鸟

汉代的鸮鸟画像

汉代鸮鸟画像见于画像石、画像砖、帛画、漆棺、铜车饰、釉陶器等介质之上，其中数量最多的是画像石。

这类画像石的分布较广，以今山东、江苏徐州、陕西为主，亦有少量见于河南、安徽、湖北等地，其年代基本属于东汉时期。

石上的鸮鸟图像多作侧立状，能展示出从其头部、身躯到尾羽等各部分的样貌，具体形态为：鸮鸟身躯侧向而立，头部向一旁转动90°，以正面面对观者；鸟体短胖，爪足短小，尾羽后伸。这一形式设计很巧妙，既方便观众观看鸮鸟的面部特征，也如实刻画出它的双目不会左右转动，要向两边看时必须依靠灵活的脖子大幅度扭转的生理特征。

按照鸮鸟的组合对象、出现场景，可将画像石分作三类。

（一）鸮鸟与建筑画像的组合

第一类画像石上的鸮鸟图像是与建筑相组合，这类图像在山东、徐州一带画像石上较为多见。

如山东省嘉祥县武氏东阙子阙身北面画像，画面上、左、下三侧边栏处皆饰有多重纹饰带，纹饰以双菱纹、连弧纹为主。主体画面分作上、中、下三层，最上层为楼阁图，中间层为周公辅成王图，最下层为车马出行图。上层图像中的楼阁为双层，一楼左右各一根带柱头栌斗和柱座的立柱，立柱上承庑殿式腰檐，腰檐右侧垂脊上有一只立鹤；室内停有一匹马；室外左侧一人拥篲，右向而立，右侧有一楼梯通往二楼，一人正拾级而上。二楼置平座，庑殿顶，两人分别端坐在平座两侧。在庑殿顶正脊的两端各栖一凤鸟；在左右两条垂脊上则各立一只鸮鸟，半椭圆形的双耳竖立，头部圆形，体短而胖，尾部较尖，整个身体前鼓后缩，鸟足细短（图

213

12-10）。在此石上，鸮鸟、凤鸟、仙鹤并列，寓意吉祥。

江苏徐州铜山县汉王乡（今铜山区汉王镇）东沿村出土永平四年（61）画像石，画面分作上下两层，下层为听琴乐图，上层则为带庑殿顶的厅堂图。在庑殿顶正脊的中央，一对鸮鸟并列相向侧立，与之相组合的是长青树以及围绕屋顶飞翔的群鸟（图12-11）。安徽宿州符离集出土一块画像石，画面刻一座双层楼阁，楼阁的庑殿顶上立有两只鸮与两只鹳，两鹳同啄一条蛇；一鸮于右侧垂脊上侧立正视，另一鸮侧立在与之相近的正脊右方，回首上望（图12-12）。

（二）鸮鸟与云气纹画像的组合

第二类是鸮鸟与云气纹组合的画像，多见于陕北画像石上。

汉代艺术继承了先秦楚文化的浪漫精神与奇幻风格，云气纹饰在楚国艺术中常见，也为汉代所吸收并发扬光大。陕北画像石上的云气纹具地域特色，以一根弯曲似树藤的长条为主干，从旁斜伸出各式侧枝，侧枝枝头绽出花朵般的祥云，造型生动；卷云纹中往往有神兽、羽人、胡人与瑞草，以其流动的气势、云雾缭绕的视觉效果，增添了仙境的神奇性。

如一例陕西清涧墓门楣画像石，画面分作上下两层，上层左右两端有一日轮和月轮，中间横向流泻着一长条云气纹；下层为狩猎图。上层从右向左依次有仙鹤、神鸟、麒麟、神狐、三足乌、捣药白兔、饲鹿胡人、驯独角兽胡人、虎、鹿、熊、鸮鸟等，他们奔跃在云气纹中。鸮鸟作为仙境一员，并未被刻意突出，而是位于画面偏左处，侧立于一分枝状祥云的顶端，尖耳竖立，面圆、体胖、足细；它的下方有一羽人举手相向（图12-13）。

（三）鸮鸟与神兽仙人画像的组合

第三类是鸮鸟直接与神兽或仙人相组合的画像，又可分作两种情况，

十二 猫头鹰是战神还是恶鸟

图12-10 山东嘉祥武氏东阙子阙身北面画像石拓片局部

图12-11 江苏徐州铜山汉王乡永平四年画像石拓片及其局部

图12-12 安徽宿州符离集画像石拓片及其局部

驰骋三界——汉代神兽的图像世界

图12-13　陕西清涧墓门楣石拓片及其局部

第一种是鸮鸟夹于一群神兽中间，位置并无特殊性。

如1992年陕西榆林靖边寨山村汉墓出土一件右立柱石，石上画面竖向分作左右两列，每一列又上下分格，两列画面共被分作12格。从整体看，石面上半部分为仙境图，下半部分则为人间场景。其中仙境图占4格，每格按照从左往右、从上往下的顺序，分别为：仙人六博图、人首蛇尾神、鸮鸟与羽人的组合、羽人饲凤图。此石上的鸮鸟侧立，双耳竖立，也转头面向正方，头圆脖短，体胖足细；下方与之相组合的羽人手持瑞草，寓意祥美（图12-14）。

第二种情况是鸮鸟位于画面中心，并在一对组合神兽中间。如徐州铜山征集一块东汉画像石，画面正中有两只左右相对、毛羽丰茂的凤凰，凤凰头顶三根飘逸长羽组成羽冠，左边一只敛翼，右边一只则展翼挺立，它们身后都拖曳长长的尾羽。在双凤下方，有一只雏凤和一条龙。在双凤上方中央，则刻有一只侧立、转头正面观众的鸮鸟，缩颈耸肩，双翼收敛（图12-15）。

十二 猫头鹰是战神还是恶鸟

图12-14 陕西榆林靖边寨山村汉墓右立柱石拓片及其局部

图12-15 江苏徐州铜山征集画像石

鸮鸟图像的功能

不同的鸮鸟图像，功能是否一致，各自起着什么样的作用呢？我们认为，鸮形器与鸮鸟画像的功能并不相同。

鸮形器的功能可能偏实用性，体现出汉代人在重农理念背景下鼠害防范意识的强化，以保护农业产品的安全。如考古发现有的鸮壶内部含有谷黍残壳，从而学界判断它是粮仓明器。说明鸮鸟乃鼠类的天敌这一天性，已为汉代人所了解并利用，陪葬鸮壶是对现实生活中储存粮食习俗的模仿，希望它能起到防鼠的作用。

鸮鸟画像则具有象征意义，也许可以从信仰观念的角度予以理解。前述赵超先生认为汉代人可能把鸮鸟看作是阴冥世界的代表，我们可延续这一思路认识画像石上鸮鸟具体的象征含义。

（一）在建筑组合中辟邪镇墓

与建筑组合的鸮鸟画像具有守卫、辟邪的功能。

画像石上与神兽、神人组合在一起的建筑，可能与升仙思想有关。周围环绕有奇禽异兽的楼阙图像，虽然在形式上模仿现实宅第，但在功能上却可能蕴含着安放墓主人灵魂，甚至协助其升仙的寓意。这类建筑图像在东汉已然程式化，聚集着神兽仙人的场景超出了现实经验的范畴，寓示着建筑本身的非凡属性。《史记·封禅书》载文成将军告知武帝求仙的方法："'上即欲与神通，宫室被服非象神，神物不至。'乃作画云气车，及各以胜日驾车辟恶鬼。又作甘泉宫，中为台室，画天、地、太一诸鬼神，而置祭具以致天神。"[1]因此，汉墓中环绕神兽的建筑画像，可能也为

---

[1]《史记》卷二八《封禅书》，中华书局，1959年，第1388页。

吸引神物降临，帮助亡灵与神灵世界相通，实现升仙。

从视觉效果上说，建筑画像石上鸮鸟的威慑力一是体现在其所处位置上，它作为围绕建筑的神兽群体中的一员，高立于屋顶或房檐，固然反映出鸟类栖息时选择高处的习惯，但更重要的是它可能起到保护宅第、震慑入侵者的作用。因为画面的制高点有引人注目、自上而下的统摄作用。

二是鸮鸟的面部刻画为正面，其突出的双目能与观者形成对视，也在视觉上具有恐吓力量。《史记·魏世家》载苏代向魏王对曰："王独不见夫博之所以贵枭者，便则食，不便则止矣。今王曰'事始已行，不可更'，是何王之用智不如用枭也？"张守节《正义》："博头有刻为枭鸟形者，掷得枭者合食其子，若不便则为余行也。"[1]又《后汉书·张衡传》载张衡曰："咸以得人为枭，失士为尤。"李贤注曰："枭犹胜也，犹六博得枭则胜。"[2]鸮天性凶猛，使得它被认为具有守护死后世界的功能。

如山西离石县（今吕梁市离石区）马茂庄左表墓墓室门侧的画像石。画面的上、左、右三方边栏各刻云气纹，主体画面为仙境图。最上方是神人驾驭神兽驾车的出行图，两名神人乘坐在云车上，车上还树有华盖，华盖下主神后坐，头戴山形冠；御者前坐，扬鞭驾车；云车由四只神兽所拉，神兽扬蹄飞驰。画面中间为三鱼共首图，右方立一麒麟，左方立一带角翼兽，双兽相向而对。画面最下方则有一虎，似带有羽翼，口中似已衔有一物，同时还在追逐前方一兽；在虎逐兽的旁侧，静立一鸮鸟，向翼虎回首，似在观看（图12-16）[3]。

画像石上猛虎捕食图较为常见，猛虎所噬的对象可能为邪魔等不祥事物，象征着驱魔辟邪。而此石上的鸮鸟，与神人神兽相组合，也带有神性，因其勇猛的特性，也对邪魅形成了某种震慑作用。

---

[1]《史记》卷四四《魏世家》，中华书局，1959年，第1854页。
[2]《后汉书》卷五九《张衡传》，中华书局，1965年，第1904—1905页。
[3] 梁宗和：《山西离石县的汉代画象石》，《文物参考资料》1958年第4期。

图12-16　山西吕梁离石左表墓墓室门侧画像石拓片及其局部

（二）在列兽出行队伍中引导升仙

墓葬中鸮鸟图像所出现的场景，总会包含别的神兽，以及西王母东王公、戴山形冠的神人、羽人等神仙。这些神仙、神兽图像与升仙思想相关。在这一场景中的鸮鸟，往往以行进的姿态存在。

典型的如前述陕北画像石，画面上的神兽排列有序，姿态各异，但无不生机盎然，依次向前行进着，背景弥漫缭绕着云气纹，为其增添神秘色彩。在祥和神奇的氛围中，秩序井然的神兽列队可能含有引导、保护墓主人灵魂升仙的寓意。而鸮鸟作为队列中的一员，可能也与升仙观有关。

（三）在对兽中央凸显其神圣性

画像石上还有一类鸮鸟图像的构图值得注意。即当鸮鸟出现在一对组合神兽的中间时，这一位置显示出对兽和鸮鸟之间存在较为紧密的联系。

目前所知的与鸮鸟相组合的对兽有龙虎、双凤等，这两种对兽是画像石上常见的图像。龙虎图像组合的寓意可能为：勇猛辟邪、象征权势以及协助升仙；当它们中间如果夹带有他物时，往往会是羽人、凤鸟、嘉莲、

十二　猫头鹰是战神还是恶鸟

铜鼎、玉璧等象征祥瑞、权威的人或事物，即中间物带有神圣性。而对凤图像的吉祥寓意更加明显。

当这样两对寓意吉祥的神兽，分别一左一右地簇拥着中间的鸮鸟，鸮鸟作为核心对象被供奉于对兽的中间，其受尊崇的地位不难理解。

因此，鸮鸟画像的功能主要属于信仰观念范畴，反映出人们借助它来镇墓辟邪、协助升仙，对其具有某种尊崇的信仰，以缓解对死亡的焦虑。

通过以上的分析，我们知道先秦时期作为战神的猫头鹰，在汉代得到的待遇却变了。

文献中的鸮鸟被当作恶鸟。北魏时期的道武帝在与后燕的战争中，因军粮匮乏，而向群臣征询办法。出身于华北第一名门的清河人崔逞进言："取椹可以助粮。故飞鸮食椹而改音，《诗》称其事。"言必称《诗》，本是汉族士大夫一直传承的优雅风气，且崔逞不过是借《鲁颂·泮水》之典，来美化以桑葚做军粮的提议。不料道武帝却敏感认为崔逞是故意将鲜卑族与鸮鸟相等同，有侮辱之嫌，竟怒而将崔逞赐死。

但汉代图像中对鸮鸟的认识，却明显透露出对鸮鸟的客观认识及尊崇心理。为什么图文之间会有此差异呢？

我们以为，关于鸮鸟的文献书写者的身份多乃儒家学者，他们将鸮鸟用以祭祀或食用，赋予这些行为以礼制含义。儒者用礼制来宣扬政府所支持的儒家孝道，以维护统治。而鸮鸟图像的使用者多为亡者，在墓中使用鸮鸟图像，并不需要为儒家政治服务，而只为了自己在死后世界的需要。鸮鸟图像一方面出于模仿现实生活中防鼠的需要，另一方面则为了满足死后的信仰诉求，安抚好亡灵。

所以，从先秦的战神发展到汉代的多重身份，猫头鹰在保留了原始神话信仰某些部分的同时，既被儒家纳入礼制范畴、演绎出儒教含义，又被人们所客观认识。这一过程，说明古人对于猫头鹰的了解认识有所进步和深化。

战神也好，恶鸟也罢，一切不过人类想象所编织的逻辑符号。万物生灵自有其生存的规律与天性，科学认识之，与之和谐共处，或许才是人类文明史进程中应有的态度。

后　记

和许多人的经历一样,我的童年有《西游记》陪伴,那些奇思妙想给我埋下一颗喜爱古代神话的种子。童年回忆挥之不去,促使我学以致用。无疑自己是幸运的,能够将所学用以研究兴趣。另一层幸运是中国国家博物馆的工作平台与学术氛围,极大拓展丰富我的见识。多方因缘令自己得以坚持对古代历史文化的热爱,那些由先人凭借超凡想象力所创造出的各种神兽及其历史,深烙在民族记忆中,不应被遗忘。

小书延续我博士论文的话题,持续聚焦"汉代神兽",拾拣汇报在这一研究领域的点滴心得。导师孙家洲老师给我毫无保留的教诲与支撑,对于世事人情也教以洞见决断与磊落洒脱。霍宏伟老师在学业上给予各种切实帮助,从督导斧正到严格自律,给我树立极佳榜样,让我深感警醒和激励。

小书成形起缘于"澎湃新闻·私家历史"专栏。书中多篇小文纳入"汉代神兽"系列,自2020年起陆续刊发在此专栏上,得益于责编钟源的鞭策。又得到浙江古籍出版社的鼎力支持与精心编校。诸位编辑老师给了我充分的信任和写作自由,并在一些关键节点上助我拓宽局面,令我得以体验在性灵世界里徜徉的快乐,并最终完成书稿,能够将之作为国家社科基金青年项目"美术考古视野下的汉代怪兽图像研究"(21CKG026)阶段性成果。向他们致以衷心的感谢。

小书写作过程中还得到诸多领导、师友的帮助。国博领导及同事给予大力支持，在工作中提供许多便利条件。我的同事孙祥多次帮助绘图，范立、陈畅提供精美的文物照片。中国社会科学院考古研究所副所长白云翔先生，山东博物馆研究馆员、副馆长杨爱国先生，中国艺术研究院研究员练春海先生，对我的研究给予了肯定和鼓励。洛阳市文物考古研究院研究员徐婵菲在洛阳热情接待我与同仁的学术调研，并提供无私帮助。西安美术学院美术史论系教师徐呈瑞除了多次提供图片，还在学术交流中予我启发。苏州大学付优博士一直在学术路上，与我相互鼓励和支持，令我体味到古人所云"嘤其鸣矣，求其友声"。由衷感谢各位帮助。

生命奔涌至今，受到诸多慷慨襄助与恩情，使得自己在探索自我的艰涩路上，富有勇气与能量。置身天地，自知渺小；师友烛照，唯有前行。

李重蓉

2023年9月17日

图版来源

第一章

图1-1 中国国家博物馆编:《中华文明:古代中国基本陈列》,北京时代华文书局,2017年,第63页。

图1-2 笔者摄影。

图1-3 中国国家博物馆编:《中华文明:古代中国基本陈列》,北京时代华文书局,2017年,第164页。

图1-4 王绣、霍宏伟:《洛阳两汉彩画》,文物出版社,2015年,第56—57页。

图1-5 王士伦等:《浙江出土铜镜》[修订本],文物出版社,2006年,彩版56,第222页。

图1-6 中国画像石全集编辑委员会编:《中国画像石全集》第4卷《江苏、安徽、浙江汉画像石》,山东美术出版社、河南美术出版社,2000年,第149页,图一九四。

图1-7 笔者于中国汉画学会、北京山水美术馆主办"中国汉画大展"(2018年3月12日—4月9日)展厅摄影。

图1-8 中国画像石全集编辑委员会编:《中国画像石全集》第4卷《江苏、安徽、浙江汉画像石》,山东美术出版社、河南美术出版社,2000年,2000年,第88页,图一二五。

图1-9 临沂市博物馆:《临沂吴白庄汉画像石墓》,齐鲁书社,2018年,第120页,图一六一。

图1-10 中国画像石全集编辑委员会编:《中国画像石全集》第5卷《陕西、山西汉画像石》,山东美术出版社、河南美术出版社,2000年,第36页,图四七、四八。

图1-11 中国画像石全集编辑委员会编:《中国画像石全集》第5卷《陕西、山西汉画像石》,山东美术出版社、河南美术出版社,2000年,第15页,图二二、二三。

图1-12 中国画像石全集编辑委员会编:《中国画像石全集》第6卷《河南汉画像石》,山东美术出版社、河南美术出版社,2000年,第85页,图一一〇。

图1-13 中国画像石全集编辑委员会编:《中国画像石全集》第6卷《河南汉画像石》,山东美术出版社、河南美术出版社,2000年,第102—103页,图一二八。

图1-14、图1-15 笔者2018年2月9日于四川乐山麻浩崖墓博物馆摄影。

第二章

图2-1 霍宏伟摄影。

图2-2 中国对外文物展览公司：《黄河文明展》，中日新闻社，1986年，第122页。

图2-3 刘绍明摄影。

图2-4 中国美术全集编辑委员会：《中国美术全集·工艺美术编·9·玉器》，文物出版社，1986年，第91页，图一七一；第93页，图一七四。

图2-5 南京博物院、盱眙县文广新局：《江苏盱眙县大云山西汉江都王陵一号墓》，《考古》2013年第10期。

图2-6 中国青铜器全集编辑委员会编：《中国青铜器全集》第8卷《东周》（二），文物出版社，1998年，第48页，图版五四。

图2-7 范立摄影。

图2-8 笔者摄影。

第三章

图3-1 江西省文物考古研究所、南昌市博物馆、南昌市新建区博物馆：《南昌市西汉海昏侯墓》，《考古》2016年第7期。

图3-2 江西省文物考古研究所、南昌市博物馆、南昌市新建区博物馆：《南昌市西汉海昏侯墓》，《考古》2016年第7期。

图3-3 马金柱提供。

图3-4 丹柯摄影。

图3-5 中国社会科学院考古研究所编著：《汉长安城武库》，文物出版社，2005年，第75、77页，图版四六：1。

图3-6 刁淑琴、郑卫：《洛阳西汉五灵博局纹铜镜》，《中原文物》2002年第4期。

图3-7 徐州博物馆官网。

图3-8 中国画像石全集编辑委员会编：《中国画像石全集》第4卷《江苏、安徽、浙江汉画像石》，山东美术出版社、河南美术出版社，2000年，第101页，图一四八。

图3-9 周剑曙、郭洪涛主编：《偃师文物精粹》，北京图书馆出版社，2007年，第61页。

图3-10 龚廷万、龚玉、戴嘉陵：《巴蜀汉代画像集》，文物出版社，1998年，图255。

图3-11 中国画像石全集编辑委员会编：《中国画像石全集》第5卷《陕西画像石》，山东美术出版社、河南美术出版社，2000年，第40-41页，图五六。

图3-12 中国画像石全集编辑委员会编：《中国画像石全集》第2卷《山东画像石（二）》，山东美术出版社、河南美术出版社，2000年，第73页，图八二。

图3-13 中国画像石全集编辑委员会编：《中国画像石全集》第3卷《山东画像石（三）》，山东美术出版社、河南美术出版社，2000年，第27页，图三一。

图3-14 中国画像石全集编辑委员会编：《中国画像石全集》第3卷《山东画像石（三）》，山东美术出版社、河南美术出版社，2000年，第14页，图一五。

图3-15 中国画像石全集编辑委员会编：《中国画像石全集》第7卷《四川画像石》，山东美术出版社、河南美术出版社，2000年，第153页，图一八九。

图3-16 陈履生摄影。

图3-17 龚廷万、龚玉、戴嘉陵：《巴蜀汉代画像集》，文物出版社，1998年，图340。

第四章

图4-1 江苏省文物管理委员会编著：《江苏徐州汉画象石》，科学出版社，1959年，图81。

图4-2 甘肃省博物馆编，俄军主编：《甘肃省博物馆文物精品图集》，三秦出版社，2006年，第128页。

图4-3 中国画像石全集编辑委员会编：《中国画像石全集》第5卷《陕西、山西汉画像石》，山东美术出版社、河南美术出版社，2000年，图版四六，第34—35页。

图4-4 中国画像石全集编辑委员会编：《中国画像石全集》第4卷《江苏、安徽、浙江汉画像石》，山东美术出版社、河南美术出版社，2000年，图版一九六，第151页。

图4-5 中国画像石全集编辑委员会编：《中国画像石全集》第6卷《河南汉画像石》，山东美术出版社、河南美术出版社，2000年，图版四九，第35—36页。

图4-6 中国画像石全集编辑委员会编：《中国画像石全集》第5卷《陕西、山西汉画像石》，山东美术出版社、河南美术出版社，2000年，图版一一，第8页。

图4-7 王春法主编：《丝路孔道：甘肃文物菁华》，北京时代华文书局，2020年，第288页。

图4-8 李彬，朱青生：《汉画总录·32·邹城》，广西师范大学出版社，2017年，第131—132页。

图4-9 南京博物院编：《南京博物院》，文物出版社；日本东京讲谈社，1984年，图57。

图4-10 吕章申主编：《秦汉文明》，北京时代华文书局，2017年，第138页。

图4-11 中国国家博物馆编：《中华文明：古代中国基本陈列》，北京时代华文书局，2017年，第316—317页。

图4-12 中国国家博物馆编：《中华文明：古代中国基本陈列》，北京时代华文书局，2017年，第388—390页。

图4-13 中国国家博物馆编：《中华文明：古代中国基本陈列》，北京时代华文书局，2017年，第396—397页。

图4-14 吕章申主编：《秦汉文明》，北京时代华文书局，2017年，第318页。

图4-15 中国画像石全集编辑委员会编：《中国画像石全集》第5卷《陕西、山西汉画像石》，山东美术出版社、河南美术出版社，2000年，图版二一八，第162—163页。

图4-16 徐呈瑞供图。

图4-17 中国画像石全集编辑委员会编：《中国画像石全集》第5卷《陕西、山西汉画像石》，山东美术出版社、河南美术出版社，2000年，图版八八、八九，第64页。

图4-18 中国画像石全集编辑委员会编：《中国画像石全集》第6卷《河南汉画像石》，山东美术出版社、河南美术出版社，2000年，图版一八九，第154—155页。

图4-19 范立拍摄。

第五章

图5-1 中国国家博物馆：《中华文明：古代中国基本陈列》，北京时代华文书局，2017年，第170页。

图5-2 中国社会科学院考古研究所，河北省文物管理处编：《满城汉墓发掘报告》，文物出版社，1980年。

图5-3、图5-4 王步毅：《安徽宿县褚兰汉画像石墓》，《考古学报》1993年第4期。

图5-5 中国画像石全集编辑委员会编：《中国画像石全集》第5卷《陕西、山西汉画像石》，山东美术出版社、河南美术出版社，2000年，第92—93页，图一二二。

图5-6 中国画像石全集编辑委员会编：《中国画像石全集》第5卷《陕西、山西汉画像石》，山东美术出版社、河南美术出版社，2000年，第86—87页，图一一四。

图5-7 中国画像石全集编辑委员会编：《中国画像石全集》第5卷《陕西、山西汉画像石》，山东美术出版社、河南美术出版社，2000年，第106页，图一四三。

图5-8 南京博物院编：《南京博物院》，文物出版社；东京日本讲谈社，1984年，图65。

图5-9 济南市考古研究所、济南市长清区文物管理所：《济南市长清区大柿园东汉画像石墓》，《考古》2018年第4期。

图5-10 徐州汉文化风景园林管理处，徐州楚王陵汉兵马俑博物馆：《狮子山楚王陵》，南京出版社，2011年，第97页。

图5-11 西汉南越王博物馆编著：《西汉南越王博物馆》，广东人民出版社，2017年。

图5-12 《Im Zeichen des Goldenen Greifen. Königsgräber der Skythen》, European Journal of Archaeology, Volume 11, Issue 2-3, 2008.

图5-13 中国画像石全集编辑委员会编：《中国画像石全集》第5卷《陕西、山西汉画像石》，山东美术出版社、河南美术出版社，2000年，第174—175页，图二三〇。

图5-14 广东省博物馆编：《广东省博物馆藏品选》，文物出版社，1999年，第108页。

图5-15 王绣、霍宏伟：《洛阳两汉彩画》，文物出版社，2015年，第63页。

图版来源

第六章

图6-1 左图笔者拍摄于2018年11月27日—2019年2月14日中国国家博物馆举办的"平民情怀——平山郁夫藏丝路文物展";右图范立摄影。

图6-2 刘敦愿:《中国古代的鹿类资源及其利用》,《中国农史》1987年第4期。

图6-3 郑岩:《关于东京艺术大学藏西汉金错铜管的观察与思考》,《艺术探索》2018年第1期。

图6-4 黄明兰:《洛阳西汉画象空心砖》,人民美术出版社,1981年。

图6-5 笔者摄影。

图6-6 临沂市博物馆编:《临沂吴白庄汉画像石墓》,齐鲁书社,2018年,第130—133页,图一六九—一七一。

图6-7 中国画像石全集编辑委员会编:《中国画像石全集》第5卷《陕西、山西汉画像石》,图一〇八。

图6-8 高文:《四川汉代画像砖》,上海人民美术出版社,1987年,图四九。

图6-9 王儒林、李陈广:《南阳汉画像石》,河南美术出版社,1989年,第199页。

图6-10、6-11 中国画像石全集编辑委员会编:《中国画像石全集》第5卷《陕西、山西汉画像石》,山东美术出版社、河南美术出版社,2000年,第72—73页,图九八、九九。

图6-12 何志国:《四川绵阳出土鹿纹画像砖》,《考古》1984年第4期。

图6-13 中国画像石全集编辑委员会编:《中国画像石全集》第5卷《陕西、山西汉画像石》,山东美术出版社、河南美术出版社,2000年,第147页,图一九六。

图6-14 吕章申主编:《秦汉文明》,北京时代华文书局,2017年,第270页。

图6-15 南京博物院编:《南京博物院》,文物出版社;东京日本讲谈社,1984年,图41。

第七章

图7-1 鄂尔多斯青铜器博物馆:《草原丝路史画:鄂尔多斯汉代墓室臻品图像》,科学出版社,2021年,第68—69页。

图7-2 魏坚:《内蒙古中南部汉代墓葬》,中国大百科全书出版社,1998年,第170页,图一四,彩色图版三:3;第169页,图一三。

图7-3 中国画像石全集编辑委员会编:《中国画像石全集》第5卷《陕西、山西汉画像石》,山东美术出版社、河南美术出版社,2000年,图版七〇、七一,第52页。

图7-4 王金元、刘晋平、王双斌:《吕梁汉代画像石选》,山西人民出版社,2013年,第42页。

图7-5 北京鲁迅博物馆:《鲁迅藏拓本全集.汉画像卷·全2册》,西泠印社出版社,2014年,第17页。

图7-6 南阳市古代建筑保护研究所:《河南南阳桑园路东汉画像石墓》,《文物》2003年第4期。

图7-7 王建中、闪修山:《南阳两汉画像石》,文物出版社,1990年,图215。

图7-8 李长周、柳荫：《南阳高新区标准厂房汉画像石墓》，《南都学坛》2015年第4期。

图7-9 甘肃省博物馆编，俄军主编：《甘肃省博物馆文物精品图集》，三秦出版社，2006年，第134页。

图7-10 甘肃省博物馆编，俄军主编：《甘肃省博物馆文物精品图集》，三秦出版社，2006年，第135页。

图7-11 李桂阁提供。

图7-12 笔者拍摄于中国国家博物馆"图画众生——河西画像砖上的古人生活"展（2021年5月21日—9月15日）。

图7-13 小满：《西方神兽 中世纪宗教艺术中的动物》，《东方艺术》2007年第18期。

第八章

图8-1 中国画像石全集编辑委员会编：《中国画像石全集》第6卷《河南汉画像石》，山东美术出版社、河南美术出版社，2000年，第168—169页，图二〇五。

图8-2 中国画像石全集编辑委员会编：《中国画像石全集》第6卷《河南汉画像石》，山东美术出版社、河南美术出版社，2000年，第110页，图一三六。

图8-3 郑建芳，朱青生，谢健主编：《汉画总录·33·邹城》，广西师范大学出版社，2017年，第32、33页。

图8-4 中国画像石全集编辑委员会编：《中国画像石全集》第7卷《四川汉画像石》，山东美术出版社、河南美术出版社，2000年，第77—78页，图九七—九九。

图8-5 王绣、霍宏伟：《洛阳两汉彩画》，文物出版社，2015年，第40—41、44—45页。

图8-6 王绣、霍宏伟：《洛阳两汉彩画》，文物出版社，2015年，第102、104页。

图8-7 傅惜华，陈志农编；陈志农绘；陈沛箴整理：《山东汉画像石汇编》，山东画报出版社，2012年，第22—23页。

图8-8 中国画像石全集编辑委员会编：《中国画像石全集》第6卷《河南汉画像石》，山东美术出版社、河南美术出版社，2000年，第21页，图三〇。

图8-9 中国画像石全集编辑委员会编：《中国画像石全集》第5卷《陕西、山西汉画像石》，山东美术出版社、河南美术出版社，2000年，第167页，图二二四。

图8-10 湖南省博物馆、中国科学院考古研究所编：《长沙马王堆一号汉墓》，文物出版社，1973年，第40页，图三八。

图8-11 夏鼐论文中引用61号墓星象图摹本，参见夏鼐：《洛阳西汉壁画墓中的星象图考古》，《考古》1965年第2期。

图8-12 中国画像石全集编辑委员会编：《中国画像石全集》第2卷《山东汉画像石（二）》，山东美术出版社、河南美术出版社，2000年，第157页，图一六五。

图8-13 北京鲁迅博物馆编：《鲁迅藏拓本全集·汉画像卷Ⅱ》，西泠印社出版社，2014年，第313

页，图283。

图8-14 南阳文物研究所编：《南阳汉代画像砖》，文物出版社，1990年，图159。

图8-15 中国画像石全集编辑委员会编：《中国画像石全集》第3卷《山东汉画像石（三）》，山东美术出版社、河南美术出版社，2000年，第36页，图四〇。

图8-16 中国画像石全集编辑委员会编：《中国画像石全集》第3卷《山东汉画像石（3）》，山东美术出版社、河南美术出版社，2000年，第194—195页，图二一〇。

图8-17 笔者拍摄于中国国家博物馆"国色初光——甘肃彩陶艺术展"（2019年12月25日—2021年）展厅。

图8-18 中国国家博物馆和法国卢浮宫博物馆合作举办的"地中海文明——法国卢浮宫博物馆藏文物精品展览"（2013年10月29日—2014年2月9日）官网。

图8-19 南京博物院官网。

图8-20 傅惜华、陈志农编；陈志农绘；陈沛箴整理：《山东汉画像石汇编》，山东画报出版社，2012年，第430页；线图，432页。

图8-21 中国画像石全集编辑委员会编：《中国画像石全集》第6卷《河南汉画像石》，山东美术出版社、河南美术出版社，2000年，第130—131页，图一六〇。

第九章

图9-1 戴耕：《带钩品鉴》，陕西人民美术出版社，2009，第50页。

图9-2 戴耕：《带钩品鉴》，陕西人民美术出版社，2009，第51页。

图9-3 中国国家博物馆官网。

图9-4 左：中国青铜器全集编辑委员会：《中国青铜器全集》第9卷《东周（三）》，文物出版社，1997年，第181页，图版一七六。右：中国美术全集编辑委员会：《中国美术全集·雕塑编1·原始社会至战国雕塑》，人民美术出版社，1988年，第111页。

图9-5 中国社会科学院考古研究所、河北省文物管理处：《满城汉墓发掘报告》（下），文物出版社，1980年，图版四一，1。

图9-6 中国国家博物馆供图。

图9-7 中国青铜器全集编辑委员会：《中国青铜器全集》第14卷《滇昆明》，第74页，图版八一。

图9-8 中国国家博物馆供图。

图9-9 山西博物院、甘肃省博物馆、武威市博物馆、高台县博物馆：《陇右遗珍：甘肃汉晋木雕艺术》，山西人民出版社，2013年，第81页。

图9-10 中国画像石全集编辑委员会编：《中国画像石全集》第7卷《四川画像石》，山东美术出版社、河南美术出版社，2000年，第39页，图四四。

图9-11 中国画像石全集编辑委员会编：《中国画像石全集》第2卷《山东画像石（二）》，第96

231

页，图一〇四。

图9-12 中国画像石全集编辑委员会编：《中国画像石全集》第4卷《江苏、安徽、浙江汉画像石》，第33页，图四六。

图9-13 傅惜华、陈志农编；陈志农绘；陈沛箴整理：《山东汉画像石汇编》，山东画报出版社，2012年，第36页。

图9-14 甘肃省文物考古研究所：《酒泉十六国墓壁画》，文物出版社，1989年，彩版南壁壁画。

图9-15 中国画像石全集编辑委员会编：《中国画像石全集》第4卷《江苏、安徽、浙江汉画像石》，第178页，图二三七。

图9-16 中国画像石全集编辑委员会编：《中国画像石全集》第7卷《四川画像石》，第25页，图二八。

图9-17 高文：《四川汉代石棺画像集》，人民美术出版社，1997年，第98页，图一八六。

图9-18 高文：《四川汉代石棺画像集》，人民美术出版社，1997年，第98页，图一八七。

第十章

图10-1 笔者拍摄。

图10-2 秦始皇帝陵博物院官网。

图10-3 秦始皇帝陵博物院官网。

图10-4 西汉南越王博物馆：《西汉南越王博物馆》，广东人民出版社，2017年，第125页。

图10-5 中国国家博物馆供图。

图10-6 西安市文物保护考古所：《西安尤家庄六十七号汉墓发掘简报》，《文物》2007年第11期。

图10-7 中国国家博物馆：《中华文明：古代中国基本陈列》，北京时代华文书局，2017年，第314页。

图10-8 南京博物院官网。

图10-9 杨孝军、郝利荣：《徐州新发现的汉画像石》，《文物》2007年第2期。

图10-10 杨孝军、郝利荣：《徐州新发现的汉画像石》，《文物》2007年第2期。

图10-11 徐呈瑞供图。

图10-12 徐光冀主编：《中国出土壁画全集》第5卷《河南》，科学出版社，2012年，第16页。

图10-13 中国画像石全集编辑委员会编：《中国画像石全集》第5卷《陕西、山西汉画像石》，山东美术出版社、河南美术出版社，，第187页，图二五四。

图10-14 王绣、霍宏伟：《洛阳两汉彩画》，文物出版社，2015年，第125页。

图10-15 王绣、霍宏伟：《洛阳两汉彩画》，文物出版社，2015年，第37、38页。

图10-16 中国画像石全集编辑委员会编：《中国画像石全集》第4卷《江苏、安徽、浙江汉画像石》，山东美术出版社、河南美术出版社，2000年，第154页，图二〇〇。

图10-17 中国国家博物馆：《中华文明：古代中国基本陈列》，北京时代华文书局，2017年，第60页。

图10-18 中国国家博物馆：《中华文明：古代中国基本陈列》，北京时代华文书局，2017年，第77页。

图10-19 中国青铜器全集编辑委员会：《中国青铜器全集》第7卷《东周（一）》，文物出版社，1998年，第22页，图二二。

图10-20 中国国家博物馆供图。

图10-21 左：中国画像石全集编辑委员会编：《中国画像石全集》第1卷《山东画像石（一）》，山东美术出版社、河南美术出版社，2000年，第143页，图一九四。右：王培永，朱青生主编：《汉画总录·34·沂南》，广西师范大学出版社，2019年，第166、167页。

图10-22 中国国家博物馆供图。

图10-23 山东文物事业管理局，山东美术出版社：《山东文物精萃》，山东美术出版社，1996年，第66页。

第十一章

图11-1 中国国家博物馆编：《中华文明：古代中国基本陈列》，北京时代华文书局，2017年，第47页。

图11-2 中国国家博物馆编：《中华文明：古代中国基本陈列》，北京时代华文书局，2017年，第56页。

图11-3 吕章申主编：《秦汉文明》，北京时代华文书局，2017年，第102页。

图11-4 王建中、闪修山：《南阳两汉画像石》，文物出版社，1990年，图121。

图11-5 中国国家博物馆供图。

图11-6 甘肃省文物考古研究所：《敦煌佛爷庙湾西晋画像砖》，文物出版社，1998年，图版三二：1。

图11-7 中国画像石全集编辑委员会编：《中国画像石全集》第7卷《四川汉画像石》，河南美术出版社、山东美术出版社，2000年，第144—145页，图一七九。

图11-8 中国画像石全集编辑委员会编：《中国画像石全集》第5卷《陕西、山西汉画像石》，山东美术出版社、河南美术出版社，2000年，图二八三，第209页。

图11-9 胡新立、朱青生：《汉画总录·31·邹城》，广西师范大学出版社，第176页。

图11-10 朱存明：《徐州新发现汉画像石的考察与研究》，《中国国家博物馆馆刊》2013年第7期。

图11-11 胡新立、朱青生：《汉画总录·31·邹城》，广西师范大学出版社，2017年，第158页。

图11-12 胡新立、朱青生：《汉画总录·31·邹城》，广西师范大学出版社，2017年，第201页。

图11-13 凌皆兵、王清建、牛天伟《中国南阳汉画像石大全》第3册，大象出版社，2015年，第84页。

图11-14 王建中、闪修山：《南阳两汉画像石》，文物出版社，1990年，图152。

图11-15 胡新立：《邹城汉画像石》，文物出版社，2008年，图版第156页。

图11-16 王纲怀：《汉镜铭文图集》，中西书局，2016年，第454页。

图11-17 中国国家博物馆提供。

第十二章

图12-1 [日]日本株式会社黄山美术社：《昆仑之西——平山郁夫藏丝路文物精粹》，上海书画出版社，2019年，第50页。

图12-2 中国国家博物馆"意大利之源：古罗马文明展"展览官网。

图12-3 青海省博物馆、青海民族博物馆：《河湟藏珍：历史文物卷》，文物出版社，2012年，图84。

图12-4 中国国家博物馆编：《中华文明：古代中国基本陈列》，北京时代华文书局，2017年，第106页。

图12-5 江西省文物考古研究院、厦门大学历史系：《江西南昌西汉海昏侯刘贺墓出土玉器》，《文物》2018年第11期。

图12-6 湖南省博物馆、中国科学院考古研究所编：《长沙马王堆一号汉墓》页40，文物出版社，1973年，图三八；彩版七六、七七。湖南省博物馆、湖南省文物考古研究所编著：《长沙马王堆二、三号汉墓》第一卷《田野考古发掘报告》，文物出版社，2004年，图三一。

图12-7 法国赛努奇博物馆官网。

图12-8 范立摄影。

图12-9 陈拓摄影。

图12-10 中国画像石全集编辑委员会编：《中国画像石全集》第1卷《山东汉画像石（1）》，山东美术出版社、河南美术出版社，2000年，第17页，图三一。

图12-11 徐州铜山汉王乡永平四年画像石拓本及其局部，图版来源：中国画像石全集编辑委员会编：《中国画像石全集》第4卷《江苏、安徽、浙江汉画像石》，山东美术出版社、河南美术出版社，2000年，第1页，图一。

图12-12 中国画像石全集编辑委员会编：《中国画像石全集》第4卷《江苏、安徽、浙江汉画像石》，山东美术出版社、河南美术出版社，2000年，第136页，图一七八。

图12-13 中国画像石全集编辑委员会编：《中国画像石全集》第5卷《陕西、山西汉画像石》，山东美术出版社、河南美术出版社，2000年，第148—149页，图一九八。

图12-14 中国画像石全集编辑委员会编：《中国画像石全集》第5卷《陕西、山西汉画像石》，山东美术出版社、河南美术出版社，2000年，第178页，图二三二。

图12-15 中国画像石全集编辑委员会编：《中国画像石全集》第4卷《江苏、安徽、浙江汉画像石》，山东美术出版社、河南美术出版社，2000年，第51页，图七一。

图12-16 梁宗和：《山西离石县的汉代画象石》，《文物参考资料》1958年第4期。